Knaur.

Über die Autorin:
Andrea Wordell, geboren 1959, studierte mit 20 Archäologie, arbeitete mit 30 in der Fernsehbranche, bekam mit 40 ihr erstes Kind und brachte mit 50 ihr erstes Buch heraus.

Andrea Wordell

HAPPY 40

Die Welt ist voller Möglichkeiten

KNAUR TASCHENBUCH VERLAG

Besuchen Sie uns im Internet:
www.knaur.de

Originalausgabe September 2009
Knaur Taschenbuch.
Copyright © 2009 by Knaur Taschenbuch.
Ein Unternehmen der Droemerschen Verlagsanstalt
Th. Knaur Nachf. GmbH & Co. KG, München.
Alle Rechte vorbehalten. Das Werk darf – auch teilweise –
nur mit Genehmigung des Verlags wiedergegeben werden.
Redaktion: Ruth Gelfert
Umschlaggestaltung: ZERO Werbeagentur, München
Umschlagabbildung: Corbis/Andy Warhol; PictureAlliance
Satz: Adobe InDesign im Verlag
Druck und Bindung: CPI – Clausen & Bosse, Leck
Printed in Germany
ISBN 978-3-426-78260-6

2   4   5   3   1

Im Alter von 40 Jahren
hat man seine Höchstform erreicht
und steht in voller »Blüte« –
beruflich, körperlich, geistig.
Das meinten jedenfalls die alten Griechen
und nannten das Alter um die 40
die Akme (ἀκμή), die höchste Reife.
Also:
Herzlichen Glückwunsch zum 40. Geburtstag!
Sie haben nun Ihre Akme erreicht!

Oder etwa nicht?
Sind Sie noch nicht an Ihrem Lebensziel?
Immer noch im Aufstieg?
Oder geht's mit Ihnen gerade abwärts?
Sind Sie gar am Tiefstpunkt Ihres Lebens angekommen
und sehen gar kein Land?

Wie stehen Sie da im Vergleich
zu den anderen 40-Jährigen?

Wie es Ihnen auch immer geht im Alter von 40 Jahren –
Sie sind nicht der Einzige!

Viele Prominente waren mit 40
in der gleichen Situation wie Sie –
und so mancher schaffte es sogar erst nach 40,
berühmt zu werden.

Alles ist möglich mit 40!

Inhaltsverzeichnis

Alles Gute zum 40. Geburtstag!

Man muss nicht nur 40 werden, um seinen 40. Geburtstag feiern zu können, man sollte auch zugeben, dass man 40 wird: Der Pop-Art-Künstler **Andy Warhol** zum Beispiel machte sich zwei oder auch gern mal fünf Jahre jünger, während bei der Hollywood-Diva **Zsa Zsa Gabor** die Angaben gleich um Jahrzehnte mehr oder weniger variierten.

Ihre Kollegin **Marlene Dietrich** behauptete immer, 1904 geboren worden zu sein – tatsächlich war es 1901.

Ein »Verdächtiger« ist auch der Modemacher **Karl Lagerfeld**. Ob er an seinem 40. Geburtstag in Wirklichkeit seinen 45. feierte, darüber schweigt er sich bis heute aus. Denn seine Geburtsurkunde ist bedauerlicherweise weg – verbrannt bei der Bombardierung Hamburg-Altonas im Zweiten Weltkrieg. Als Geburtsjahr galt 1938, bis seine alten Schulkameraden genervt waren, dass sie 65, der »Kalli« aber erst 60 Lenze zählen sollte, und sich an die Presse wandten. Die fand im Taufregister von Hamburg-Winterhude das korrekte Geburtsjahr des kleinen Karl-Otto: 1933.

Karl Lagerfeld mit 40 bzw. 35: 1973 wird er mit dem goldenen Spinnrad ausgezeichnet.

Karl tut bis jetzt so, als hätte er es nicht bemerkt, lässt sein wahres Alter »irgendwo dazwischen«liegen und feierte inzwischen schon den 75., Pardon, 70. Geburtstag …

> »Nichts macht älter, als wenn man sich jünger macht.«
> Coco Chanel, Modemacherin

Der große **Walt Disney** soll zehn Jahre älter gewesen sein als stets angegeben, also mit 40 eigentlich schon 50. Auch von ihm gibt es keine Geburtsurkunde, dafür aber den Geburtseintrag eines »Walter Disney« beim Standesamt Chicago, Illinois, mit dem Datum 8.1.1891 – und das wären tatsächlich zehn Jahre vor seinem offiziellen Geburtsdatum 1901. Hinzu kommt, dass es sogar über Walt Disneys Herkunft Zweifel gibt: Weder über das Geburtsland noch über den Vater, ja nicht mal über die Mutter besteht Klarheit.

> **»35 ist ein reizvolles Alter. Es gibt Damen**
> **allerhöchster Geburt, die aus freier Wahl**
> **jahrelang 35 bleiben, nachdem sie 40 geworden sind.«**
> Oscar Wilde, Schriftsteller

Bei Sängerin **Anastacia** ist das anders: Die gesteht kurz vor ihrem vermeintlichen 35. Geburtstag, dass sie eigentlich schon 40 wird. Bis dahin hatte sie sich immer jünger gemacht, doch jetzt frohlockt sie: »Ich bin begeistert, dass ich endlich 40 sein kann.«

Begeistert sind viele an ihrem 40. Geburtstag. Eiskunstläuferin **Katharina Witt** wähnt sich 2005 »im schönsten Alter« und meint: »Heutzutage fühlt sich 40 doch wie 30 an.« Pin-up-Girl **Pamela Anderson** rechnet 2007 sogar vor, dass die 40 eigentlich »die neue 20« sei. Die Schauspielerin **Jennifer Aniston** überkommt 2009 an ihrem 40., dem »intensivsten Geburtstag meines Lebens«, sogar »ein Gefühl, als würde ich mich selbst heiraten«.

Ganz so euphorisch und selbstverliebt scheint die Ur-Feministin **Simone de Beauvoir** 1948 an ihrem 40. nicht gewesen zu sein: Früher hatte sie ihr Alter überhaupt nicht gestört. Aber seitdem sie ein paar Monate zuvor der Liebe ihres Lebens begegnet ist, dem amerikanischen Schriftsteller Nelson Algren (39), ist ausgerechnet die Grande Dame des Feminismus hinsichtlich ihres Alters etwas unsicher: »Heute bin ich vierzig geworden ...«, schreibt sie ihrem Traummann nach Chicago. »Ich schäme mich.

Ich würde Ihnen gern die Liebe einer jüngeren Frau geben, obwohl ich weiß, dass Sie mich lieben, wie ich bin … Ich bin traurig, weit weg und alt zu sein … Ich mag es nicht, mich alt zu fühlen. … Ich möchte, dass Sie in den Genuss der Liebe einer lebendigen, gesunden, netten und schönen Frau kommen. Ich werde mein Bestes tun, Liebling …«

Auch die Pianistin **Clara Schumann** sitzt 1859 an ihrem 40. Geburtstag allein in ihrem Zimmerchen, als sie einen Brief ihres Verehrers, des Komponisten Johannes Brahms (26), erhält. Sie schreibt ihm sofort zurück, wie »innig erfreut« sie über den Geburtstagsgruß gewesen sei, als sie »allein, am Fenster sitzend, der untergehenden Sonne nachsah«. So bescheiden kann ein 40. Geburtstag auch ablaufen.

»Als ich 40 wurde, war das groß, schwer und unglaublich. Sie müssen das aber einfach akzeptieren«, erinnert sich Rolling-Stones-Boss **Mick Jagger** an seinen 40. Geburtstag 1983. »Ich denke, es überrascht den Menschen stets aufs Neue, wie alt er schon ist.«

»Man bildet sich immer noch ein, am Anfang des Lebens zu sein und das Eigentliche noch vor sich zu haben. Wie rasch ist die Zeit fort …«, grübelt auch der spätere »Eiserne Kanzler« **Otto von Bismarck** über seinen 40. Geburtstag 1855. Er ist noch nicht mal Graf und schon gar nicht Fürst, wähnt sich aber schon auf dem absteigenden Ast. In dem Brief an seinen Bruder schreibt er weiter: »Vielen Dank für Deine Wünsche zum Geburtstag. Vor der 40 schaudert mir etwas; da ist man dann über den Berg und geht nur noch thalwärts bis zum Schönhauser Gewölbe (Anm: die Familiengruft) …«

> »An meinem 30. war ich traumatisiert.
> Und an meinem 40. auch ... Jeder einzelne
> dieser Geburtstage ruft in mir Ängste hervor.
> Ich verfalle in Depression, bin am Boden zerstört ...
> Ich mag keinen dieser runden Geburtstage. Und die kleinen
> gemeinen, die dazwischenliegen, auch nicht ...«
> Woody Allen, Filmemacher

Ähnlich depressiv wird auch der Schauspieler **Keanu Reeves**. Pünktlich zum 40. Geburtstagsfest 2004 erwischt ihn die Midlife-Crisis, »... als hätte jemand einen Schalter umgelegt. Ich musste zur Therapie, um damit fertig zu werden.« Schon vor seinem Geburtstag hat er in Interviews über die drohende 40 und die Midlife-Crisis gewitzelt und geunkt, er hätte sich »schon mal einen Ferrari bestellt«. Bis dahin war er nie richtig sesshaft gewesen und hatte mal in Appartements, mal in Hotels gewohnt. »Dann wurde ich 40. Dieser Geburtstag ist hart, vielleicht weil du weißt, dass du jetzt erwachsen bist«, erklärt Keanu seinen Reifeprozess. Einen Ferrari schafft er sich mit 40 dennoch nicht an, sondern: »Ich kaufte ein Haus, ich wollte ein Heim.«

Eine ähnliche Wandlung machte auch Ex-Tennis-Idol **Boris Becker** durch. Anlässlich seines 40. Geburtstag 2007 gibt er der »Bild«-Zeitung ein großes Geburtstagsinterview und besinnt sich auf Familie und Kinder. »Es ist das Alter der Bilanz. Halbzeit. Was lief gut, was lief schief?«, resümiert er. »Ich weiß heute, ich wäre nichts ohne meine Familie, Freunde.« Seiner damaligen Freundin Lilly Kerssenberg hat er pünktlich vor seinem 40. Geburtstag den

Laufpass gegeben – per SMS. Doch zwei Jahre später, 2009, wird er sie mit allem Prunk und Pomp heiraten.

Ganz im Gegensatz zu US-Schauspieler **George Clooney.** Er bekommt 2001 von Michelle Pfeiffer und Nicole Kidman je 10 000 Dollar, da sie gewettet haben, dass er bis zu seinem 40. Geburtstag Vater werden würde. Siegessicher verdoppelt George Clooney den Einsatz für den 50.: »Ich nahm die Schecks und schickte sie zurück mit einer Notiz: Doppelt oder nichts – checkt mal nach, wenn ich 50 werde!«

Rolling-Stones-Gitarrist **Keith Richards** hingegen hat bereits zwei Kinder, Sohn Marlon (13) und Tochter Dandelion (10), von Fotomodell Anita Pallenberg (39). Genau an seinem 40. Geburtstag 1983 heiratet er aber ein jüngeres Fotomodell: Patti Hansen (27).

Apropos Heiraten – das wollte die Operndiva **Maria Callas** schon seit fünf Jahren, und zwar ihren heißgeliebten griechischen Reeder Aristoteles Onassis. Ihren 40. Geburtstag 1963 feiern sie im Pariser »Maxim's« ganz intim nur zu zweit. Er erzählt Maria von der Beerdigung J. F. Kennedys eine Woche zuvor, zu der er eingeladen worden war – eine außerordentliche Ehre, die nur einer Handvoll Gäste außerhalb der Familie Kennedy zuteil wurde. Weder er und schon gar nicht Maria ahnen, dass Onassis schon längst im Netz der schwarzen Witwe Jacky Kennedy sitzt, die ihn in fünf Jahren heiraten wird.

Elvis Presley zieht sich 1975 zu seinem 40. Geburtstag in sein Anwesen Graceland zurück und verbringt den ganzen Tag in seinem Schlafzimmer im ersten Stock. Er zeigt sich weder seinen

Freunden, die unten im Erdgeschoss auf ihn warten, noch den mehr als 2000 Fans, die sich vor seiner Villa tummeln.

Gratulanten sollen sich 1994 auch vor der Haustür von Produzent **Dieter Bohlen** zu seinem 40. Geburtstag eingefunden haben. Und geklingelt haben sie wohl auch – vergebens. Dieter soll sich unten in seiner Sauna versteckt und so getan haben, als ob er nicht da wäre.

Das hätte Regisseur **Guy Ritchie** an seinem 40. Geburtstag 2008 vielleicht auch am liebsten getan, aber er wahrt den Schein: Er feiert in seiner Kneipe »Punchbowl« in London Mayfair offiziell als glücklicher Ehemann von Madonna, in Wirklichkeit aber wünscht er sich nichts sehnlicher als die Scheidung.

Und während manche Promis wie Rennfahrer **Michael Schumacher** zum 40. Geburtstag (2009) in Talkshows über ihre Reife und das Glück philosophieren, veranstaltet Entertainerin **Verona Pooth** 2008 zu ihrem 40. eine Hexenparty – trotz der Millionenpleite ihres Mannes.

Apropos »Hexen« – an ihrem 40. Geburtstag 1986 erhält Sängerin **Cher** vom Regisseur des geplanten Films »Die Hexen von Eastwick« die frohe Botschaft, sie sei nicht sexy genug für die Rolle. »Das war unglaublich! An meinem 40. Geburtstag, da kannst du keinen gebrauchen, der dir sagt, du wärst nicht attraktiv!« Sprach's und schnappte sich noch am selben Abend den 22-jährigen Rob Camiletti, »der sicherlich kein Problem mit meiner Attraktivität hatte, denn er wurde mein Freund für drei Jahre«. Und die Rolle in »Die Hexen von Eastwick« bekam sie bekanntlich ja doch noch.

Die spätere Dschungelkönigin **Désirée Nick** nutzt den Tag vor ihrem 40. Geburtstag 1996, um den Welfenprinzen Heinrich Julius von Hannover zum Vater zu machen. Sie bringt ihren Sohn Oscar Julius Heinrich Ferdinand zur Welt – der blaublütige Vater allerdings ist schon längst über alle Berge und lässt sich bis auf Weiteres entschuldigen.

Manchmal bietet sich auch der Tag nach dem 40. Geburtstag für richtungsweisende Ereignisse an. Nach einem feuchtfröhlichen Zechgelage zum 40. mit Freunden wacht der spätere US-Präsident **George W. Bush** 1986 am Morgen danach mit einem Brummschädel auf und erklärt seinen staunenden Freunden, ab jetzt nie mehr Alkohol trinken zu wollen. Gleichzeitig erkennt er, dass er von Gott zu Höherem auserkoren sei, und konvertiert zum methodistischen Glauben. Seitdem hat Bush junior angeblich keine Flasche mehr angerührt. »Ich wäre niemals Gouverneur geworden, wenn ich nicht aufgehört hätte«, meint er rückblickend.

Ebenfalls ein richtungsweisendes Erlebnis bereitet die DDR dem Ostberliner Liedermacher **Wolf Biermann,** der sich gerade auf einer Tournee im Westen befindet: Sie bürgert ihn einen Tag nach seinem 40. Geburtstag aus, am 16.11.1976.

In der Dominikanischen Republik hat der österreichische Musiker **Falco** einen weiteren Wohnsitz. Dorthin lädt er 1997 seine Freunde ein, Wiener Schickimickis, und Mutter Maria, um lautstark seinen 40. (und letzten) Geburtstag zu feiern: Er gibt ein Konzert mit all seinen Hits.

Damit ist er nicht der Erste: Der Komponist **Richard Wagner** macht etwas Ähnliches. Noch nicht in Bayreuth, sondern in Zürich. Dort will er zu seinem 40. Geburtstag am 22. Mai 1853 »den hiesigen Freunden meiner Kunst durch Auswahl einzelner Stücke (Anm.: Der Fliegende Holländer, Tannhäuser, Lohengrin) wenigstens einen Begriff von dem Charakteristischen meiner Musik ... verschaffen«. Typisch für Wagner: Das Konzert dauert etwas länger, nämlich ganze drei Tage (18., 20. und 22. Mai 1853). Die ersten Wagner-Festspiele waren erfunden.

Die wildeste und ausgelassenste Geburtstagsfeier zum 40. liefert Rockstar **Freddie Mercury** 1986 in München. In der Münchner Szenekneipe »Henderson« lässt es der »Queen«-Sänger mit seinen Freunden aus London und der Band »Frankie goes to Hollywood« so richtig krachen: Der teuerste Champagner fließt in Strömen, allerfeinster Kaviar wird aus 1,8-Kilo-Dosen gelöffelt, und ein 2,5-karätiger Brillantring verschwand mal eben im Getümmel. Übrigens: Um zu verstehen, was Freddie unter einer richtigen Party zum 40. Geburtstag verstand, sollten Sie sich mal das wilde Treiben in dem Videoclip »Living on my own« anschauen unter dem Link: http://www.youtube.com/watch?v=MOrqv Y0nK_A&feature=related

Gute Zeiten im Alter von 40

Das Lebensgefühl der Generation 40 plus:

84 % wissen besser, was sie wollen

83 % sind mit dem Leben insgesamt zufrieden

79 % möchten nicht noch einmal 20 sein

65 % verzeihen sich Fehler mehr als in jungen Jahren

Forsa, 2008, Deutschland 40–59 Jahre

»Von vierzig bis fünfzig ist die beste Lebenszeit«, lobte der Schriftsteller **Theodor Fontane** schon Ende des 19. Jahrhunderts das 40-plus-Alter. Auch heute scheint man mit 40 geradezu aufzublühen:

»Die Wahrheit ist, dass ich mich mit 40 besser fühle als mit 30, sogar besser als mit 20«, staunt Schauspielerin **Halle Berry.** »Ich stehe nicht mehr unter dem Druck, alles planen zu müssen und die Last der Zukunft auf meinen Schultern zu tragen.«

»Der sensationell erfolgreiche Vierziger
stellt sich täglich nur zwei Fragen:
a) Haare färben? und
b) Kampf gegen die Wampe aufgeben?
Richtige Lösung: a) Nein b) Ja.«
Harald Schmidt, Moderator und Kabarettist

»Druck? Kinder? Nein, da gibt's keinen Druck …«: Auch Filmstar **George Clooney** gibt sich ganz entspannt. »Und beruflich geht es gut. Für einen Mann in diesem Business ist es viel leichter, 40 zu werden, als für eine Frau. Ich bin 40 … fühle mich also phantastisch!«

Die Schauspielerin **Christine Neubauer** hat auch schon davon gehört, dass Frauen mit 40 in eine kritische Phase kommen sollen, aber bei ihr ist es genau umgekehrt: »Ich möchte nicht mehr 20 sein. Nicht für alles Geld der Welt.«

> »Eine Frau ist mit 20 wie Eis, mit 30 ist sie warm,
> und mit 40 ist sie heiß«
> Gina Lollobrigida, Schauspielerin

Moderatorin **Désirée Nosbusch** findet sich mit 40 »zum ersten Mal ganz okay«, und auch Kollegin **Sandra Maischberger** fühlt sich mit 40 rundum wohl in ihrer Haut. »Geburtstage sind keine schwierige Zeit in einer weiblichen Biografie«, meint sie 2006 an ihrem 40. Geburtstag. »Es sind andere Momente, die einen schlagartig älter werden lassen.«

Eine Umfrage unter 1000 Frauen im Alter von 40 ergab:
50 % fühlen sich besser und stärker denn je und
    möchten nicht noch einmal 20 sein.
59 % halten sich für viel selbstbewusster als früher
    und wissen, was sie wollen.
63 % leben viel bewusster als in jungen Jahren.
27 % ist der Beruf genauso wichtig wie ihre Familie.
Und fast die Hälfte der 40- bis 49-jährigen Frauen glaubt,
dass die schönsten Lebensjahre noch kommen werden.

Forsa-Institut, 2000

Verliebt, verlobt, verheiratet

Von den 40- bis 49-Jährigen leben
15 % als Single
12 % in einer Partnerschaft
73 % in einer Ehe

Ifak Institut, 2006

Ein paar Wochen nach ihrem 40. Geburtstag 1998 ist Sängerin **Madonna** (geschieden, eine Tochter: Lourdes, 2) bei dem Sänger Sting und seiner Frau zum Abendessen eingeladen.

Dort verliebt sich die alleinerziehende Powerfrau in den britischen Regisseur Guy Ritchie (30), den sie bald darauf zum Mann nehmen wird. »Madonna ist eben Madonna«, erklärt Ritchie angeblich seiner Freundin Tanja Strecker und gibt dieser den Laufpass. Diese Anekdote wiederum soll Robbie Williams zu seinem Song »She's Madonna« animiert haben.

Madonna mit 40:
Sie bekommt alles,
was sie will.

Der 40-jährige verheiratete Komponist **Richard Wagner** ist 1853 bei Liszt in Paris eingeladen und sieht zum ersten Mal dessen Tochter Cosima. Doch funken tut da noch nichts – Cosima passt mit 15 noch nicht in Richards Beuteschema.

Erst zehn Jahre später werden sie ein Verhältnis anfangen und nach weiteren sieben Jahren heiraten.

Anders bei **Adolf Hitler**. Der schaut mit 40, im Oktober 1929, bei seinem Leibfotografen Heinrich Hoffmann vorbei und erblickt auf einer Leiter ein Mädchen mit hübschen Beinen: Eva Braun. Hoffmann stellt ihm seine 17-jährige Angestellte vor, und bei Bier und Leberkäse lernt Hitler sein späteres »Tschapperl« näher kennen.

> **Zum ersten Mal heiraten Frauen durchschnittlich mit 29,6 Jahren, Männer mit 32,6 Jahren.**
>
> Statistisches Bundesamt, 2006

Die italienische Musikerin **Carla Bruni** heiratet mit 40 Nicolas Sarkozy (53) und wird dadurch französische Präsidentengattin.

Der 40-jährige Maler **Max Beckmann** lässt sich 1925 nach 19 Jahren von der Wagner-Sängerin Minna Tube scheiden, weil er »Quappi«, seine zukünftige zweite Frau Mathilde Kaulbach, kennengelernt hat.

Und der Physiker **Albert Einstein** erledigt mit 40 gleich alles: Er lässt sich scheiden und heiratet seine Cousine Elsa Löwenthal.

Die Schriftstellerin **Virginia Woolf** ist mit 40 seit zehn Jahren verheiratet und seit fünf Jahren Verlegerin (zusammen mit ihrem Mann). Im gleichen Jahr, 1922, erscheint ihr Bestseller »Jacobs Zimmer«, der sie berühmt machen wird, und sie lernt das Diplomatenehepaar Vita und Harold Sackville-West kennen. Sie verliebt sich – in Vita.

Geschiedene Frauen heiraten durchschnittlich mit 42,9 Jahren, geschiedene Männer mit 46,2 Jahren noch einmal.

Statistisches Bundesamt, 2006

Auch die österreichische **Kaiserin Elisabeth** soll mit 40, 1878, eine heiße Affäre gehabt haben – mit einem feschen rothaarigen Reitersmann.

Der österreichische Hof und ihr Gatte Franz Joseph langweilen Sisi schon seit langem; sie interessiert sich nur für eins: sie selbst. Durch ein strenges Diät-, Sport- und Schönheitsprogramm kann die vierfache Mutter auch noch mit 40 Modelmaße aufweisen: Größe: 1,72 cm, 50 kg, Taille: 50 cm.

Ihr Leben – das ist Turnen, Hungern, Reisen und seit zwei Jahren: Reiten. Der Hintergrund: Bay Middelton (32), schottischer Offizier, einer der besten und berühmtesten Reiter Englands und kein Kostverächter, besonders was verheiratete Damen angeht.

Sisi steht auf rauhbeinige, natürliche Typen. Schon zehn Jahre zuvor gab es jede Menge Tratsch um den ungarischen Grafen und Revolutionär Andrassy, angeblich der Vater ihrer Lieblingstochter, des »ungarischen Kindes« Marie Valerie (10).

Seit dem ersten Kennenlernen ist Bay ihr persönlicher Reitlehrer, und Sisi ist ganz wild – auf Pferde. Sie hält sich fast nur noch in England auf, um ja keine Fuchsjagd zu verpassen, mit einer Auswahl ihrer besten Jagdpferde und natürlich mit Bay. Die beiden sind unzertrennlich, er kauft für sie die teuersten Pferde, feuert sie an, lobt und tadelt sie – trainiert sie in jeder Hinsicht.

Folglich gilt Sisi mit 40 als eine der berühmtesten Jagdreiterinnen ihrer Zeit. »Sie sieht aus wie ein Engel und reitet wie der Teufel«, schwärmt ihr schottischer Reitersmann voller Bewunderung.

Die Gerüchte um Bay und Sisi kochen hoch, ihr Sohn Kronprinz Rudolf (19) ist über das Gebaren seiner 40-jährigen Mama entsetzt und geht ihr aus dem Weg. Sisi kümmert das wenig, sie liebt es, zu provozieren.

Sportarten der 40- bis 49-Jährigen:
Reiten   2,2 %
Fußball   8,8 %
Jogging   25,7 %
Radfahren   51,6%
und 18,8 % treiben keinen Sport.
Ipsos GmbH, 2007

Unklar bleibt, wie weit der Flirt zwischen den beiden wirklich geht. »Unsere Träume sind immer schöner, wenn wir sie nicht verwirklichen«, soll sie mal gesagt haben. »Für mich keine Liebe, für mich keinen Wein, das eine macht übel, das andere spein«, ist ein weiterer Spruch von ihr, der sich aber vielleicht auch nur auf ihren Gatten bezog.

Vier Jahre später, nach Middletons Heirat 1882, wird Sisis extreme Reitleidenschaft jedenfalls abrupt aufhören.

Preisfrage: Wer ist das? Sie will »liebende Ehefrau« sein, will für ihren geliebten Mann »sehr nett sein: Geschirr spülen und fegen und selbst Eier und Rumkuchen einkaufen. Ihr Haar, Ihre Wangen oder Ihre Schulter nur berühren, wenn Sie es mir erlauben; ich würde versuchen, nicht traurig zu sein, wenn Sie wegen der Morgenpost oder irgendetwas anderem schlecht gelaunt sind.« Antwort: keine Geisha, sondern die Urmutter des Feminismus, **Simone de Beauvoir.** Mit 40 (1948) ist sie schwer verliebt und steht vor einer der wichtigsten Entscheidungen ihres Lebens. Seit 19 Jahren ist Simone – nein, nicht verheiratet, sondern mit dem Philosophen Jean-Paul Sartre (43) in einem lebenslangen »Pakt« verbunden: eine »offene Zweierbeziehung«. Sie leben in Paris, siezen sich, wohnen nie zusammen, sind aber lebenslänglich aneinandergekettet.

Nur einmal, mit 40, gerät diese klar geordnete Welt völlig aus den Fugen.

Nelson Algren heißt der Mann ihrer Träume, ein amerikanischer Schriftsteller, ein Jahr jünger und einen Kopf größer als sie, ein Hüne mit männlichem Charme. Im Jahr zuvor hatte sie ihn in Amerika kennengelernt. Dank Nelson erfährt sie eine Liebe, in der »Herz, Seele und Körper eins sind«, und erlebt mit 39 ihren ersten Orgasmus. Sex mit Sartre? Fehlanzeige. Simone nennt ihn »frigide«. Mit Nelson erlebt sie Leidenschaft und geistigen Austausch, eine für sie ideale Liebesbeziehung.

In insgesamt 350 Briefen beteuert sie, der »verrückte Frosch«, ihrem »geliebten Krokodil« Algren immer wieder ihre Liebe. Sie will ihn umhegen »genau wie all die amerikanischen Frauen, über die ich mich mokiert hatte, weil sie den Männern die Wünsche von den Augen ablasen. Und ich war erstaunt, wie sehr ich es genoss«, staunt die Beauvoire später über sich selbst.

Zurück in Paris, vermisst sie ihren »geliebten Chicago-Jungen« furchtbar. Am Mittelfinger der linken Hand trägt sie inzwischen einen Silberring, den Nelson ihr im Jahr zuvor geschenkt hat.

Auf ihr Buch über Frauen kann sie sich kaum konzentrieren, obwohl Algren sie dabei sehr unterstützt. Sartre hilft der Liebeskranken mit Tabletten, zusätzlich betäubt sie sich mit Scotch Whisky, ihrem Lieblingsgetränk, doch die Sehnsucht bleibt: »Ich vermisse Sie und liebe Sie und bin Ihre Frau, wie Sie mein Mann sind. Ich werde in Ihren Armen einschlafen, mein Geliebter. Ihre Simone.«

Sartre ist gewohnt, dass alle um ihn herum funktionieren. Doch Castor, wie er Simone nennt, ist nicht mehr unter seiner Kontrolle. Sartre sieht seinen Pakt in Gefahr. Er quartiert sich mit ihr für fast zwei Monate in ein Landgasthaus ein. Der »Pakt« muss gefestigt werden, sie müssen ein Leben lang zusammenbleiben. Basta.

Simone ist einem Nervenzusammbruch nahe, öffentliche Tränenausbrüche, übermäßiges Trinken, Tablettenkonsum und Depression sind die Folge.

Sie träumt weiter von ihrem »Krokodil«, malt kleine Ringlein um vergossene Sehnsuchtstränen und drückt Lippenstiftküsse auf das Briefpapier: »Ich liebe Sie, ich küsse Sie, ich will Sie wiedersehen und wiederküssen, ich liebe Sie, ich küsse Sie …«

Sie will nur eins: nach Amerika, zu Algren. Sie und Nelson planen mindestens vier Monate Zusammensein. Ihren »Hochzeitstag« wollen sie feiern, den Tag, an dem Algren ihr den Silberring über den Finger gestreift hat, den 10. Mai 1947.

Die 40-Jährige freut sich »voll ungeduldiger Liebe«. Aufgeregt wie ein Teenager studiert sie ausgiebig Prospekte für ihre »Mississippi-

Flitterwochen«. Schnell lässt sie sich auch noch die Zähne korrigieren, um für ihn hübsch zu sein, und fliegt am 4. Mai 1948 nach Amerika. Für beide wird es eine der schönsten Reisen – von Chicago zum Missisipi, auf dem Raddampfer weiter nach New Orleans, mit Bussen quer durch Mexiko, danach New York – irgendwann macht Algren ihr einen Heiratsantrag – »Ich bin bereit, Sie auf der Stelle zu heiraten.« Stopp: Sartre braucht Castor. Sie muss sofort zurück nach Paris, weil Sartre es verlangt. Zwei Monate früher als geplant hastet sie zurück nach Paris. Dort erfährt sie, dass alles nur falscher Alarm war. Sofort telegraphiert sie nach Chicago, sie könne zurückkommen. Doch Algren, sie kann's zuerst gar nicht glauben – ihr Krokodil lehnt ab. »Nein, zu viel zu tun …«, ist seine knappe Antwort. Er hat genug von der Dominanz Sartres gegenüber Simone, von den Intrigen, den Manipulationen. Nelson will keine von Sartre bestimmte Fernbeziehung, er möchte irgendwo »mit meiner Frau und vielleicht sogar mit meinem Kind leben … Vielleicht liegt es daran, dass ich vierzig Jahre alt werde …«

Castor heult sich in Paris die ganze Nacht die Augen aus. Sie könne sehr wohl nachfühlen, wie sehr er »eine Ehefrau brauche«, und: »Ich hätte dieses Schicksal aus ganzem Herzen für mich gewählt, wenn andere Dinge es mir nicht unmöglich gemacht hätten.«

Er antwortet kaum noch, ihre Briefe werden demütiger; lauwarm und gleichgültig lässt er die Beziehung dahinlaufen. Die Tür ist zu. Simone bleibt für immer Sartres Castor.

»Ich muss bleiben. Ich kann nicht anders. Glauben Sie mir, bitte, bitte. Wenn es irgendeine Möglichkeit gäbe, bei Ihnen zu bleiben. Ach Gott, ich täte es …«

> »Freiheit im Handeln des Einzelnen!
> Freiheit zur Selbstbestimmung!«

verlangen Sartre und Beauvoir und werden damit zum Mythos.

Castor wird Sartre bis zu seinem Lebensende zu Versammlungen und auf Reisen begleiten, als seine »gute Beraterin« – wie eine First Lady brav im Hintergrund. Mit 41 wird sie ihr Buch über Frauen unter dem Titel »Das andere Geschlecht« veröffentlichen und dadurch weltberühmt werden.

»Man wird nicht als Frau geboren, man wird es«, und »Frau muss Mann werden, um Mensch sein zu können«, wird sie darin ganz im Sinne Sartres konstatieren und damit die Sicht auf die Geschlechterbeziehungen bis heute prägen.

Frau müsse sich vor zwei »Fallen« hüten:

1. das Kind, das der Mann der Frau aufzwingt,
2. den Bindungswillen an den Mann oder die Familie.

Algren Nelson sei »die einzig wirklich leidenschaftliche Liebe meines Lebens« gewesen, wird sich die betagte Simone gegen Ende ihres Lebens erinnern.

1986, mit 78 Jahren, stirbt sie an Leberzirrhose.

Sie wird mit dem Silberring an ihrem Mittelfinger begraben, den ihr Algren geschenkt hatte. Sie hatte ihn nie abgestreift.

> »Sex mit 40. Ja, ja, ja! Es wird langsam Zeit, damit anzufangen. Bisher war man als Mann ja vollständig ausgelastet mit Karriere, Familie und Vermögensbildung …«
> Harald Schmidt, Kabarettist und Moderator

Der Märchendichter **Hans Christian Andersen** hat mit 40 ein Leben voller Höhepunkte als gefeierter Schriftsteller und Mitglied der oberen Zehntausend. Doch einer blieb ihm wohl versagt. Sex soll er nie gehabt haben und sein ganzes Leben lang keine feste Beziehung. Immer nur ist er verliebt, einseitig und daher unglücklich.

Mit 40 himmelt er seit zwei Jahren die berühmte Opernsängerin Jenny Lind an, die »schwedische Nachtigall«. Für die ist er aber nur ein »Kind«, nicht mehr. Macht nichts, er leidet gerne weiter, denn dadurch ist er ungeheuer kreativ. Er verarbeitet alles in Märchen. So wird aus der »schwedischen Nachtigall« später »Die chinesische Nachtigall«.

> **Weltweite Studie beweist: Sex ab 40 gar nicht so selten: Für 80 % der Männer und 60 % der Frauen ab 40 ist Sex noch wichtig.**
>
> Pfizer Global Study of Sexual Attitudes and Behaviors, 2009

»Sex mit 40 wird immer besser. Täglich«, schwört Kabarettistin **Ina Müller,** während Modeschöpfer **Karl Lagerfeld** im Alter von 40 damit aufhört.

Der indische Rechtsanwalt **Gandhi,** der schon mit 14 nichts als Sex im Hirn gehabt hatte, hört sogar noch früher damit auf. Mit 37 erklärt er plötzlich seiner staunenden Gattin Kasturbai, ab jetzt nur noch keusch leben zu wollen.

Seitdem teilt er nachts öfters sein Bett mit jungen nackten Frauen, gern auch Ehefrauen von Bekannten – natürlich nur, um seine sexuelle Bedürfnislosigkeit zu beweisen.

Diesen harten Prüfungen der Brahmacharya (Kontrolle der Sinne) unterzieht er sich noch bis ins hohe Alter regelmäßig.

Im Aufwind

Erst die Karriere, dann die Liebe: Mit 40 ist **Katharina die Gro-ße** 1769 seit sieben Jahren Witwe und Zarin. Mit 15 wurde sie mit dem russischen Thronfolger, dem geistig zurückgebliebenen Peter III., verheiratet. Mit 33 stürzte sie ihn und hatte auch nichts gegen seine Ermordung. Trotzdem erwartet die ehrgeizige Zarin mit 40 immer noch einiges. Erst ein Fünftel ihrer Regierungszeit hat sie hinter sich und die große Liebe ihres Lebens, zu Feldmarschall Potemkin (30), noch vor sich.

Nicht weniger ehrgeizig schlägt Aufsteiger **Cäsar** mit 40 gleich zwei Fliegen mit einer Klappe: Er kommt rauf auf der Karriereleiter und raus aus den Schulden.

Im Jahre 60 v. Chr. ist der 40-Jährige zwar politisch erfolgreich, aber auch hochverschuldet. Für seine Wahlkämpfe hatte er schon in jungen Jahren jede Menge Kredit aufnehmen müssen. In den zurückliegenden Monaten konnte er seine Finanzen wenigstens etwas sanieren, als Statthalter in der römischen Provinz in Südspanien.

Doch mit 40 glückt ihm, dem größten Schuldner Roms, die Bildung des Ersten Triumvirats: ein inoffizielles Bündnis mit den beiden reichsten Männern Roms: Pompeius und Crassus. Das bedeutet für Cäsar endlich Geld und Macht. Die drei versprechen einander, dass nichts in Rom gegen seinen – Pardon: ihren – Willen geschehen soll … und schon im nächsten Jahr wird Cäsar Konsul von Rom, was für diesen Machtmenschen aber noch lange nicht das Ende der Fahnenstange bedeutet.

> »Ich genieße es wirklich. Wenn man die 40 erreicht,
> ist das gar nicht so schlimm. 30 war viel schlimmer.«
> Johnny Depp, Schauspieler

Karriere? Ausgezeichnet! Privat? Glücklich. Geld? Jede Menge. Der Maler **Picasso** ist mit 40 bereits ein Überflieger – und dabei 1921 erst am Anfang seiner Karriere.

»Blaue Periode«, »Rosa Periode«, Kubismus – für Picasso alles Schnee von gestern. Auch seine Boheme ist endgültig passé. Er residiert wie ein Malerfürst in einer großen Wohnung mit darüberliegendem Atelier in einer Pariser Luxusgegend – mit Hauspersonal: Kindermädchen, Putzfrau, Koch, Chauffeur.

**Picasso mit 40:
Teil der Pariser High Society
und rundum glücklich**

Zu diesem Wandel kam es eigentlich nur durch seine Frau Olga. Die ehemalige Tänzerin der »Ballets Russes« entstammt dem verarmten russischen Adel und liebt das Großbürgertum. Sie verlangt von Picasso schöne Porträts von sich, auf denen sie sich erkennen kann. Seitdem malt Picasso wieder realistisch, nicht das kubistische Zeugs. Diese »künstlerische Rückbesinnung« zahlt sich aus: Sein Kunsthändler jubiliert, und Picasso wird zunehmend auch international bekannt, ja allmählich richtig reich. Und er genießt es außerordentlich, zur Clique der snobistischen Pariser Gesellschaft zu gehören.

Auch privat ist Picasso schlicht glücklich und genießt seine kleine Familie. Besonders stolz ist er auf seinen knapp einjährigen Sohn Paolo, er liebt ihn abgöttisch. »Dieses Kind bin ich selbst«, sagt er und malt ihn immer und immer wieder, realistisch und gut verkäuflich.

Sein 40-jähriger Kollege **Joseph Beuys** erlebt 1961 ebenfalls bourgoises Glück, wenn auch im kleineren Stil: Seit zwei Jahren verheiratet, wird er mit 40 Vater und ordentlicher Professor für

Monumentale Bildhauerei an der Düsseldorfer Kunstakademie. Erst ab 41 wird er als Aktionskünstler berühmt und beginnt sein Markenzeichen zu tragen, den Filzhut.

Die neue Filmtechnik 1929, den Tonfilm, hält der Stummfilm-Star **Charly Chaplin** mit 40 noch für groben Unfug ohne Zukunft. Er ist bereits unabhängiger Filmproduzent und höchst-verdienender Stummfilmstar. In zwei Jahren, 1931, wird er sogar noch mal einen Stummfilm herausbringen: »Lichter der Groß-stadt«. Dass er später auch Tonfilme wie den »Großen Diktator« machen wird, kann er sich mit 40 noch gar nicht vorstellen.

Mit 40 beginnt der britische Regisseur **Alfred Hitchcock** 1939 erst seine Hollywood-Karriere. Ein paar Monate vor seinem 40. Ge-burtstag hat er endlich den Sprung über den großen Teich ge-schafft. In England war er schon bekannt, aber der britische Sno-bismus gegenüber Kino und Filmarbeit widerte ihn an. Da rief Hollywood an – und schnell packten die Hitchcocks die Koffer und verließen London. Mit 40 versucht sich der Engländer zu-sammen mit seiner Familie, Frau Alma (40) und Tochter Pat (11), in der neuen Welt einzuleben und dreht »Rebecca«, seinen aller-ersten Film in Amerika. Es wird der Anfang einer großen Holly-wood-Karriere.

Mit 40 wird der kalifornische Senator **Richard Nixon** im Jahr 1953 Vizepräsident.
Gerade noch mal Glück gehabt! Denn gut drei Monate vor sei-nem 40. Geburtstag wehrte sich »Tricky Dick« erfolgreich gegen Korruptionsvorwürfe, und zwar durch einen spektakulären Fern-sehauftritt, die sogenannte Checkers-Rede: Empört wies er den

Vorwurf zurück, Schmiergelder angenommen zu haben, er hielt seinen Hund Checkers vor die laufende Kamera und gab zu, ein einziges »Geschenk« akzeptiert zu haben. »Die Kinder lieben den Hund, und wir werden ihn behalten«, erklärte der spätere Präsident der gerührten Nation.

Mit Hundchen Checkers und weiteren Tricks wird er es auf der politischen Karriereleiter noch bis ganz nach oben schaffen.

1963 wird in Südafrika ein Chirurg namens **Christiaan Barnard** mit 40 Professor für Thoraxchirurgie und führte schon rund 1000 Herzoperationen durch. Die erste Herztransplantation aber wird ihm erst mit 44 glücken.

Mit 40 kündigt der britische Journalist **George Orwell** 1943 seinen hochbezahlten Job bei der BBC. Zwei Jahre lang hat er für die BBC-Redaktion Kriegspropaganda geschrieben, jetzt reicht ihm die ewige Zensur, der er unterworfen ist. Seine Erfahrungen aus dieser Zeit wird er sechs Jahre später in seinem weltberühmten Roman »1984« verwerten.

Mit 40 erfüllt sich der französische Schriftsteller und Börsenmakler **Jules Verne** (verheiratet, drei Kinder) 1868 endlich seinen Traum: eine eigene Yacht.

»Saint Michel« nennt er das Boot, und er segelt damit nicht nur bis nach England und Spanien, sondern beginnt an Bord auch sein Buch »20 000 Meilen unter dem Meer« zu schreiben, das ein Welterfolg werden wird.

Mit 40, 1923, fährt Modemacherin **Coco Chanel** (Single) mit einem blauen Rolls-Royce durch die Straßen von Paris, raucht schwarze Gauloises in der Öffentlichkeit und macht sich als Mäzenin nicht nur die Künstler der Boheme untertan. Sie finanziert Ballettdirektor Serge Diaghilew und lässt Komponist Strawinski samt Familie in ihrer Villa leben und ihren Hund ausführen. Kein Zweifel, Coco Chanel, unehelich im Armenhaus aufgewachsen, hat es mit 40 geschafft. Mit schlichten, gradlinigen Kleidchen ohne Korsett und Rüschen hat sie die Mode revolutioniert und damit Riesenerfolg gehabt. Die Geschäfte in ihrem berühmten Haus Nr. 22 in der Rue Cambon laufen prima, bald kauft sie Nr. 21 und 27 noch dazu. Sicher hat die schmallippige Mademoiselle auch hart gearbeitet, doch entscheidend für ihren Erfolg waren Verehrer. »Ich habe damals mein Modehaus nur begründen können«, so erinnerte sich Coco Chanel später, »weil zwei Männer hinter mir her waren.« Der wohlhabende Etienne Balsan und Arthur Capel, ein englischer Bergwerksbesitzer. Der eine besorgte ihr Laden und Wohnung, während der anderere ihr mit Krediten und Bürgschaften half – gemäß ihrem Motto: »Ich brauche keinen, den ich liebe. Ich brauche einen, der mich liebt.«

Aber vielleicht hat sie Arthur Capel, »Boy« genannt, doch ein bisschen geliebt. Er hatte die kleine Tingeltangel-Sängerin Coco zur Hutmacherin und Geschäftsfrau gepusht. Als er vier Jahre zuvor bei einem Autounfall an der Côte d'Azur starb, soll Coco sogar geweint haben.

Mit 40 tröstet sie sich mit Zaren-Adel: dem russischen Großfürsten Dimitri Pawlowitsch, Enkel des Zaren Alexander II., der ihr zwei Jahre vorher zu ihrem größten Erfolg verholfen hat: Dank Dimitri lernte sie damals den ehemaligen Hofparfümeur der russischen Zaren, Ernest Beaux, in Monte Carlo kennen, der für Coco zehn verschiedene Parfüms kreierte. Coco entschied sich für das in Probefläschchen Nr. 5. Wegen des Dufts, weil 5 ihre Glückszahl ist oder weil es angeblich der 5.5.1921 war? Jedenfalls nannte sie auch das Parfüm No. 5 – Chanel No. 5. Es sollte das berühmteste Parfüm der Welt werden. Allein an Lizenzgebühren verdient sie bis an ihr Lebensende 15 Millionen Dollar.

Über mehr als 100 Millionen verkaufter Tonträger weltweit freut sich 1994 mit 40 Musikproduzent **Dieter Bohlen** (zweimal geschieden, drei Kinder).

Und immerhin eine Million Katalogkunden, 100 Mitarbeiter und einen Umsatz von 5,5 Millionen DM kann 1959 die 40-jährige Geschäftsfrau **Beate Uhse** (zum zweiten Mal verheiratet, ein Sohn Klaus, 17) vorweisen – und zwar nur durch den Versand von Erotikmaterialien. Erst in zwei Jahren wird sie den ersten Sexshop der Welt eröffnen.

1946 besitzt **Aristoteles Onassis** mit 40 seit zwei Jahren die größte Reederei der Welt. Während des Zweiten Weltkriegs hat er Millionen verdient, indem er gegen hohe Leihgebühren seine Schiffsflotte von 46 Frachtern und Tankern an die Alliierten vermietete. Mit 40 vergrößert der »goldene Grieche« sein Imperium weiter: Er heiratet 1946 die Tochter eines Reeders, Athina Tina Livanos (17), von der er sich 14 Jahre später wegen der Callas scheiden lassen wird.

1985, mit 40, hat der Hamburger Modedesigner **Wolfgang Joop** (verheiratet, zwei Töchter) noch einen Koffer in Berlin. Vier Tage in der Woche unterrichtet er als Gastdozent an der Berliner Hochschule der Künste im Fachbereich Design. Schon mit 33 (1978) hatte ihn die »New York Times« mit dem Ehrentitel »Prussian Designer« (»Preußischer Designer«) gewürdigt, und Damenmode unter seinem Label »JOOP!« ist bereits in den besten Geschäften der Metropolen von Europa und Amerika vertreten. Doch auch mit 40 betritt er beruflich und privat Neuland: Er stellt seine erste Herrenkollektion und seine ersten Designerjeans vor. Und er lässt sich nach 15 Ehejahren von seiner Frau Karin Benatzky scheiden.

Mit 40 ist Programmierer **Bill Gates** der reichste Mann der Welt. Und trotzdem lautet sein Lebensmotto: »Jeden Morgen aufwachen und mit bangem Blick nach vorn schauen.«
An seinem 40. Geburtstag ist sein Unternehmen Microsoft zwanzig Jahre alt und das Betriebssystem Windows seit zehn Jahren auf dem Markt. Drei Monate vor seinem 40. Geburtstag startet Gates dann noch Windows 95 und wird zum ersten Mal auf Platz eins der Forbes-Liste platziert – mit einem Vermögen von 12,9 Milliarden Dollar.
Er will den anderen immer einen Schritt voraus sein und schafft das auch: Er wird noch reicher werden und für die nächsten elf Jahre der reichste Mann der Welt bleiben.

Mit 40 ist **Konrad Adenauer** verheiratet und hat drei Kinder: Konrad, 10, Max, 6, und Maria, 4. Außerdem ist er stellvertretender Oberbürgermeister von Köln, Hobbygärtner und leidenschaftlicher Erfinder; gern meldet er Patente an.
1916 ist Krieg, Lebensmittel und Fleisch sind knapp, daher experimentiert er öfters mit Essen und erfindet Lebensmittelersatz. Das Rheinische Schrotbrot, das sogenannte »Kölner Brot«, hat er im Jahr zuvor erfunden.
Mit 40 verrührt er Sojamehl mit Blut und Brühe und kreiert eine

Sojawurst »mit Friedensgeschmack«, die sogenannte »Kölner Wurst«. Im gleichen Jahr verliert er seine Frau Emma durch eine Lebensmittelvergiftung.

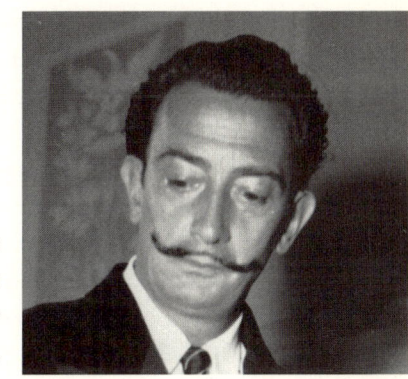

Dalí mit 40:
Während seines Exils in
Amerika arbeitet er für
Hitchcock.

Lange Schatten, starre Augen, gesichtslose Menschen – 1944 realisiert **Salvadore Dalí** mit 40 seine traumartigen Visionen nicht nur auf Leinwand, sondern auch für einen Hollywood-Film. Regisseur Alfred Hitchcock braucht für seinen Film »Ich kämpfe um dich« eine surreale Traumsequenz – und da ist Dalí genau der Richtige.

Plötzlich berühmt

Dreimal um die Erde! Astronaut **John Glenn** schafft das 1962 als erster US-Amerikaner. Insgesamt dauert die Mission gerade mal vier Stunden, 55 Minuten und 23 Sekunden, aber sie macht den 40-Jährigen schlagartig weltberühmt.

Selten gelingt es, weltberühmt zu werden und dazu noch eine Staatskrise auszulösen. Eine Amerikanerin aus Baltimore, Maryland, schafft das, und zwar im Alter von 40: **Wallis Simpson.**
Nach zahlreichen Affären hatte die geschiedene Wallis acht Jahre zuvor endlich den britischen Geschäftsmann und Millionenerben Ernest Aldrich Simpson an der Angel. Der ließ sich fix von seiner Frau scheiden, und Wallis nahm Simpson zum Mann, denn sie war es leid, »allein und arm zu sein«.
Durch diese Heirat in die englische High Society aufgestiegen, lernte sie mit 35 den Prinzen von Wales kennen: Edward VIII. Seitdem ist er in sie verliebt, ja er ist ihr seit fünf Jahren regelrecht verfallen. Eine Art sadomasochistische Beziehung.
»Es erfordert ein großes Fingerspitzengefühl, beide Männer zu managen«, klagt Wallis ihrer Tante, aber: »Ich will versuchen, beide zu behalten.« Was heißt hier beide? Da wäre auch noch das Verhältnis mit Guy Marcus Trundle, einem verheirateten Autohändler, und ihre Affäre mit Joachim von Ribbentrop, dem damaligen deutschen Botschafter in London und späteren Reichsaußenminister.
Fünf Monate vor ihrem 40. Geburtstag 1936 stirbt König Georg V., und sein ältester Sohn Edward wird König von Großbritannien und Nordirland sowie Kaiser von Indien. Die Affäre der beiden gerät nun unter öffentlichen Druck. König Edward will partout

die inzwischen geschiedene Mrs. Wallis Simpson heiraten. Doch das ist unmöglich.

In einer Radioansprache zwei Monate später, im Dezember 1936, lässt König Edward VIII. die überraschte Nation wissen, dass er lieber dem Thron entsagen wolle als der Frau seines Lebens. Nach nur 335 Tagen legt er die britische Krone ab und wird zum Herzog degradiert. Ein halbes Jahr später, gut zwei Wochen vor ihrem 41. Geburtstag, heiratet Wallis ihren Edward (42).

So erhält sie mit 40 von ihrem Gatten immerhin den Titel »Herzogin« – und vom »Time Magazine« als erste Frau die Auszeichnung »Mann des Jahres 1936«.

Mit 40 wird der bereits erwähnte Philosoph **Jean-Paul Sartre** 1945 zum Superstar, und zwar durch einen Vortrag mit dem wenig prickelnden Titel »Ist der Existenzialismus ein Humanismus?«.

An diesem Abend macht der beurlaubte Lehrer Sartre mal klar, was er eigentlich meint: Die Existenz geht der Essenz voraus, d. h., der Mensch ist das, was er aus sich macht, jeder kann sich also selbst konstruieren, sein Leben wählen, nichts ist festgelegt. Menschliche Natur? Gibt's nicht! Bürgerliche Werte? Weg damit! Ethik? Moral? Ei was, vergiss es! Anarchie ist angesagt!

Das hört man gern, das trifft den Zeitgeist – und zwar anscheinend weltweit, denn der Vortrag wird in 18 Sprachen übersetzt. Das Lebensgefühl einer ganzen Generation wird dadurch bestimmt werden, der Existenzialismus wird Mode und Sartre von nun an wie ein Popstar gefeiert.

Im Jahre 1919 wird auch ein gewisser **Albert Einstein** mit 40 schlagartig zum Weltstar – allerdings durch einen bis heute umstrittenen Beweis …

Der britische Astrophysiker und Astronomieprofessor Arthur Eddington ist von Einstein und seiner neuen Relativitätstheorie begeistert. Er will sie unbedingt bestätigen und zeigen, dass Einstein mit seiner Theorie recht hat. Diese besagt unter anderem, dass das Gravitationsfeld der Sonne die Lichtstrahlen der Sterne ablenkt.

Also reist der Einstein-Verehrer Eddington in die Südsee auf die Insel Principe, denn dort findet am 29. Mai 1919 eine totale Sonnenfinsternis statt. Er fotografiert die Sterne im Umfeld der Sonne zur Zeit der Verfinsterung und noch einmal dieselben Sterne nachts ohne Sonne. Dann vergleicht er die Sternpositionen auf den beiden Aufnahmen miteinander. Und tatsächlich zeigen die Aufnahmen, dass die Sterne in Sonnennähe während der Sonnenfinsternis scheinbar woanders stehen als ohne Sonneneinwirkung am Nachthimmel.

Doch leider sind die Abweichungen eher willkürlich und gehen kreuz und quer in verschiedene Richtungen.

Allbert Einstein wird mit 40 zum Genie erklärt.

Trotz dieser »Ungenauigkeiten« meldet die Londoner »Times« am 7. November 1919 die Sensation: »Revolution in der Wissenschaft – Neue Theorie des Universums …«. Und der 40-jährige Einstein wird über Nacht zum Genie des Jahrhunderts.

Mit 40 reist der Arzt **Dr. Robert Koch** (verheiratet, eine Tochter: Gertrud, 16) nach Indien. Genau an seinem 40. Geburtstag 1884 trifft er als Leiter einer deutschen Choleraexpedition in Kalkutta ein, nur einen knappen Monat später entdeckt er den Choleraerreger.

Zurück in Berlin, vier Monate später, wird er wie ein siegreicher Feldherr empfangen. Kaiser Wilhelm I. zeichnet ihn aus, er wird Mitglied des preußischen Staatsrats und von der gesamten Berliner Ärzteschaft auf einem Festbankett groß gefeiert. Ruhm und Karriere sind gesichert, seine Zukunft auch: Mit 47 wird Koch erster Direktor des »Königlich Preußischen Instituts für Infektionskrankheiten«, dem heutigen Robert Koch-Institut, und zu guter Letzt schafft er es noch bis zum Nobelpreis.

Was wenige wissen: Koch war gar nicht der erste Entdecker des Choleraerregers. Der italienische Anatom Filippo Pacini hatte das Bakterium bereits 1854 isoliert und beschrieben – 30 Jahre vor Koch.

Der Abenteurer **Roald Amundsen** ist 1912, mit 40, bereits seit einem halben Jahr weltberühmt. Am 14. Dezember 1911 hat der 39-jährige Amundsen vor seinem britischen Rivalen Robert Falcon Scott als erster Mensch den Südpol erreicht. Vier Monate vor seinem 40. Geburtstag telegraphierte er die Sensation von Tasmanien aus in die Welt. Amundsen wird als Held umjubelt, doch sein Erfolg wird vom Tod seines Rivalen Scott überschattet. Insbesondere die britische Presse beschuldigt Amundsen, Scott in einen mörderischen Wettlauf getrieben zu haben. Trotzdem ist er mit 40 ein gefragter Mann, veröffentlicht Reiseberichte, hält Vorträge, und er hat auch ein Buch über seine Expedition geschrieben: »Die Eroberung des Südpols, 1910-1912«. »Ich kann nicht sagen, dass ich da vor dem Ziel meines Lebens stand«, schreibt er darin. »Der Nordpol hatte es mir von Kindesbeinen angetan, und nun befand ich mich am Südpol. Kann man sich etwas Gegensätzlicheres vorstellen?«

Doch der Weg in die Geschichtsbücher führte eben nur noch über den Südpol. Wichtig für ihn war, irgendwo mit irgendwas der Erste zu sein und neue Rekorde aufzustellen.

Um noch mitzuhalten, muss er vom Hundeschlitten aufs Flugzeug umsteigen. Er will als Erster zum Nordpol fliegen und wird mit 42 den Flugschein machen. Doch ein Rekord wird ihm nicht mehr glücken.

Sein Kollege, der britische Polarforscher **Ernest Shackleton,** wird dagegen ab 40 gerade durch sein Scheitern weltberühmt.

Zweimal hat Shackleton (verheiratet, drei Kinder) versucht, den Südpol zu erreichen, zweimal ist er gescheitert – aber dennoch ruhmreich. Er wurde bereits zum Ritter geadelt.

Mit 40, 1914, startet Shackleton auf seinem Schiff »Endurance« zu seiner dritten Expedition: der Durchquerung des antarktischen Kontinents. Diese sogenannte Endurance-Expedition wird zur Legende werden und Shackleton zum Helden – durch seine einzigartige Überlebensaktion.

Denn kurz vor seinem 41. Geburtstag bleibt das Schiff im Packeis stecken. Es wird schließlich vom Eis zerdrückt, und er muss sich über ein Jahr lang zusammen mit seinen 27 Kameraden auf den Eisschollen der Antarktis durchkämpfen.

In der Kunst des Scheiterns hält er den Rekord. Noch heute gilt er auf Managerseminaren als Vorbild, denn jede Katastrophe, in die er geraten ist, hat er bewältigt – mit Optimismus, Kreativität und seiner leutseligen, unautoritären Art anderen gegenüber.

Die Idee

Gerade mit 40 sind Ideen oder Geistesblitze gar nicht so selten. Oft geben sie dem ganzen Leben eine positive Wendung, manches Mal werden daraus aber auch Pleiten.

Nach seinem Supererfolg mit dem Film »Der mit dem Wolf tanzt« stürzt sich der 40-jährige Schauspieler **Kevin Costner** 1995 in ein Gesamtkunstwerk, das Science-Fiction-Spektakel »Waterworld« – und geht damit als Schauspieler, Regisseur und Produzent baden. Der bis dahin teuerste Film mit 180 Millionen Dollar wird der größte Flop, ein finanzielles Fiasko und die größte Pleite seines Lebens.

Auch **Paul McCartney** versucht sich 1982 in einem neuen Metier. Mit 40 greift der Ex-Beatle zum Pinsel: »Als ich dann 40 wurde und mir jemand sagte: Das Leben fängt mit 40 erst an!, und ich daraufhin wartete, aber überhaupt nichts anfing, sagte ich mir, dass ich schon immer mal malen wollte und dass jetzt vielleicht der richtige Moment wäre, damit zu beginnen.«

Der 40-jährige Dichter **Hermann Hesse** beginnt 1916 ebenfalls zu malen, aber nicht aus Langeweile wie Paul McCartney, sondern als Therapie. Hesse steckt in einer tiefen Lebenskrise durch sein Kriegstrauma und den Tod seines Vaters. Sein Arzt rät ihm, seine Träume zu malen. So malt Hesse »in der schwersten Zeit meines Lebens« seine ersten Bilder, die ihn »getröstet und gerettet« hätten.

1947, über 50 Jahre vor Hollywood-Star Angelina Jolie, kommt die Tänzerin **Josephine Baker** auf die Idee, eine »Regenbogenfamilie« zu gründen. Mit 40 heiratet sie nicht nur ihren Bandleader Joe Bouillon (38), sondern kauft auch noch ein altes Schloss, Les Milandes, um ihre Vision von einem »globalen Dorf« zu verwirklichen. Ab jetzt wird sie nach und nach zwölf Kinder unterschiedlicher Nationalitäten und Religionen adoptieren.

Mit 40 fängt ein Tankwart namens **Harland Sanders** 1930 in Kentucky an, für seine Tankstellenkunden Hühnchen zuzubereiten. Heute ist KFC – Kentucky Fried Chicken – mit mehr als 35 000 Restaurants in 112 Ländern der größte Restaurantkonzern der Welt, und noch immer werden die Hähnchen nach Harlands Geheimrezept gewürzt.

Drei-Sterne-Koch **Heinz Winkler** verwirklicht mit 40 seinen Traum von einem »Restaurant mit Zimmern«: Er kauft sich 1989 für 1,5 Millionen Mark das Hotel Post im bayerischen Aschau und ist viele Jahre mit seiner Idee erfolgreich.

Eine neue Idee hat auch der 40-jährige Ladenbesitzer **Theo Albrecht.** Zusammen mit seinem zwei Jahre älteren Bruder Karl eröffnet er 1962 den ersten **Al**brecht-**Di**scount, kurz Aldi, in Dortmund. Inzwischen gibt es weltweit rund 5000 Filialen, die beiden Brüder gehören zu den reichsten Menschen der Welt.

Der Ingenieur **Henry Ford** gründet 1903 mit 40 zusammen mit elf weiteren Investoren die Ford Motor Company – und damit einen der größten Autokonzerne der Welt.

Im selben Alter kommt 1949 der mittellose Flüchtling **Werner Otto** auf die Idee, mit geliehenem Geld und drei Mitarbeitern einen Versandhandel für Schuhe zu eröffnen. Daraus entwickelt sich eine der größten Versandhandelsgruppen der Welt mit einem Umsatz von mehr als 15 Milliarden Euro und mehr als 55 000 Mitarbeitern in drei Kontinenten: der Otto Versand.

1977, mit 40, nennt der Modemacher **Yves Saint Laurent** seinen neuen Damenduft nach einer Droge: »Opium«. Der gewünschte Skandal lässt nicht lange auf sich warten, das Parfüm wird weltbekannt und ein Klassiker.

Zigarrenhändler **Zino Davidoff** liebt Zigarren genauso wie französischen Wein. Darum gibt der 40-Jährige seiner ersten hauseigenen Zigarrenserie ab 1946 die Namen der fünf bedeutendsten Bordeaux-Güter: Seine »Château-Linie« wird weltberühmt.

Unter dem Namen »Giorgio Armani S.p.A.« gründet der ehemalige Schaufensterdekorateur **Giorgio Armani** mit 40 sein eigenes Modelabel für Herren. Es wird die Grundlage für ein weltweit erfolgreiches Unternehmen.

Im Jahr 1896 ist der Arzt **Sigmund Freud** 40 Jahre alt, als sein Vater stirbt und er sich daraufhin die folgenden Monate einer Selbstanalyse unterzieht. Er notiert seine eigenen Träume, sexuellen Phantasien und Ängste und diagnostiziert so bei sich den »Ödipus-Komplex«. Die dafür von ihm entwickelte Therapieform nennt er Psychoanalyse.

Schon 18 Jahre vor der Gründung der Ford Motor Company baut 1885 ein gewisser **Carl Friedrich Benz** mit 40 das erste Automobil, ein dreirädriges Fahrzeug mit Verbrennungsmotor und elektrischer Zündung.

Vier Jahre später, 1889, ist auch **Armand Peugeot,** 40, als er auf der Weltausstellung in Paris das erste dampfgetriebene Dreirad präsentiert.

1895 führt der 40-jährige Handelsreisende **King Gillette** bedächtig die Rasierklinge über sein Antlitz, als er plötzlich auf eine messerscharfe Idee kommt: Ideal wäre eine Klinge, die man nicht mehr zu schleifen braucht, sondern einfach benutzen und wegwerfen kann. Er stellt sich ein dünnes Stück Stahl vor, auf beiden Seiten geschliffen, das man einmal wenden kann, um danach ein neues zu kaufen. Bis er einen Partner findet, der in der Lage ist, diesen Wegwerfartikel herzustellen, dauert es aber noch sechs Jahre.

1915 testet der 40-jährige Chirurg **Professor Ferdinand Sauerbruch** bei armamputierten Kriegsopfern erfolgreich die ersten »willentlich beweglichen Handprothesen«, die sogenannte Sauerbruch-Hand, die er zusammen mit dem Maschinenbauprofessor Aurel Stodolae konstruiert hat.

Mit 40 hat Unternehmer **Alfred Krupp** die erfolgreichste Idee seines Lebens: 1852 erfindet er den nahtlosen Radreifen, mit dem Eisenbahnen endlich schneller als 40 km/h fahren können. Fast alle amerikanischen Eisenbahngesellschaften bestellen bei ihm Reifen und machen ihn reich. Bis heute zeigt das Symbol der Firma Krupp daher drei versetzt aufeinanderliegende Radreifen.

Mit 40 hat auch der Verleger **Axel Springer** *die* Marktlücke entdeckt: eine Tageszeitung mit großen Schlagzeilen und vielen Bildern. 1952 bringt er die erste Ausgabe der »Bild«-Zeitung heraus. Sie wird die auflagenstärkste Zeitung Europas.

Über 2000 Jahre früher ging es auch dem 40-jährigen Philosophen **Platon** um Bildung, aber für die Elite – und er erfindet den Akademiker.

Eigentlich wollte Platon mal Politiker werden, doch spätestens nach der Hinrichtung seines Lehrers Sokrates ist die politische Führungsspitze Athens bei ihm unten durch. Der Staat muss sich ändern – aber wie? Seine Idee: »Die Staaten blühen nur, wenn entweder Philosophen herrschen oder die Herrscher philosophieren.« Also gründet er 387 v. Chr. mit 40 seine »Schule der Philosophen«. Dazu kauft er unweit von Athen ein Grundstück bei einem Hain namens »Akademeia«, und bald nennen sich alle, die dort zusammentreffen, Akademiker (Akademaikoí).

Wiederum über 2000 Jahre später, 1978, treffen Menschen zur Weiterbildung zusammen, und zwar fast ausschließlich Frauen – in Jane Fondas erstem »Workout«-Studio in Los Angeles. Allerdings nicht, um ihre Köpfchen, sondern um ihre Kurven zu trainieren.

Eigentlich macht die Schauspielerin **Jane Fonda** (verheiratet, Mutter zweier Kinder) mit 40 aus ihrer persönlichen Not eine Tugend. Seit 27 Jahren ist sie bulimiekrank. Sie leidet unter der zwanghaften Angst, zu dick zu sein und nicht die ideale Körperform für den nächsten Film zu haben.

Schon seit 20 Jahren quält sich Jane Fonda daher zum Ballettunterricht, »nicht um tanzen zu lernen, weil ich seit eh und je ein Trampel war, sondern damit die Bewegung das Übergewicht abbaut«. Wegen einer Verletzung ist dann aber Ballett für sie gestrichen, und die 40-Jährige verirrt sich in ein Fitnesscenter. Dort kommt ihr die Geschäftsidee: Für alle noch so plumpen und unmusikalischen Frauen ist Training möglich. In der DDR heißt es

Jane Fonda löst mit 40 einen weltweiten Aerobic-Boom aus.

»Popgymnastik«; Jane nennt es »Aerobic« oder »Workout« – harte Arbeit zu stampfenden Rhythmen, mit militärischem Drill zum heißersehnten Ziel: dem Idealkörper. Das trifft den Nerv fast aller Frauen. Fix gründet die Schauspielerin die Firma »Jane Fonda's Workout, Inc.« und eröffnet ihr erstes Studio. Millionen Frauen werden sich nun ebenfalls für einen perfekten Body abstrampeln, und Janes Aerobic-Imperium wird weltweit Millionenumsätze machen – jedenfalls in den 1980er-Jahren.

2006 gehen nur noch 1,3 % der 40- bis 49-Jährigen
in ein Aerobic-Studio.

Ifak Institut, 2006

Auf dem Gipfel

»Ich war gerade 40 geworden und fühlte schon ein bisschen die Midlife-Crisis kommen. Also wollte ich austesten, wie weit ich meinen Körper bringen kann. Und die Rolle des Achill in ›Troja‹ erforderte eine Menge Muskeln«, erinnert sich der Filmschauspieler **Brad Pitt.**

Mit 40 (2004) bringt er sich durch hartes Training noch mal so richtig in Form. »Ich stellte mein Leben komplett um, hörte mit dem Rauchen auf, hielt über ein Jahr strengste Diät und Extrem-Workout durch.« Nach ein paar Monaten hat der 40-jährige Brad einen knackigen Körper wie ein junger (Halb-)Gott.

Aber er fühlt sich nicht nur in seinem Körper, sondern auch mit seiner Ehefrau Jennifer Aniston wohl: »Ich war noch nie so glücklich.« Seit er 40 ist, sei er viel relaxter, glücklicher, zufriedener. Jetzt fühle er sich auch reif für Kinder und Häuslichkeit: »Es wäre schön, wenn wir eigene Kinder hätten.«

Nach seinen Filmprojekten in diesem Jahr wollen er und Jennifer sofort mit der Familienplanung beginnen – also ab Dezember 2004, nach den Dreharbeiten zu »Mr. Und Mrs. Smith«. Bei denen lernt er allerdings eine gewisse Angelina Jolie kennen …

> »Das Alter 40 halte ich für ein Ehrenzeichen,
> denn es gibt jetzt keine lahmen Entschuldigungen mehr,
> ich bin voll verantwortlich für mich, meine Fehler und
> meine Erfolge. Ich kann jetzt auch nicht mehr meinen
> Eltern für irgendwas die Schuld geben.«
> Brad Pitt, Schauspieler

Brad Pitt mit 40: rundum glücklich und will eine Familie gründen – mit seiner (damaligen) Ehefrau Jennifer Aniston

195 Jahre vorher, 1809, will Kaiser **Napoleon** mit 40 auch endlich seine Familienplanung vorantreiben. Beruflich hatte es der kleine Korse in einem Rekordtempo bis zum unumschränkten Herrscher über fast ganz Europa gebracht.

Privat sieht es weniger erfolgreich aus: Trotz 13 Ehejahren mit Gattin Josephine hat er immer noch keinen Thronfolger. Mit 40 erhält er den Beweis, dass er einen Nachfolger zeugen könnte. Seine polnische Geliebte Maria Walewska wird schwanger – und zwar ganz sicher von ihm.

Für seine Dynastie braucht er aber einen ehelichen Erben, und zwar dalli. Wenn der hyperaktive Aufsteiger eins nicht kennt, dann ist es Geduld. Zurück in Paris, verlangt er von Josephine (46) die Scheidung. Josephine fällt erst in Ohnmacht, dann willigt sie ein – zum Wohle Frankreichs und gegen eine großzügige Apanage. Fix muß die Ehe auch noch kirchlich annulliert werden, denn Napoleon schwebt eine Vermählung mit Österreich, also mit der streng katholischen Habsburgerin Marie-Louise vor.

Im Februar 1810 lässt er in Wien um die Hand der blonden Marie-Louise (18) anhalten, das heißt, er schickt einen Botschafter. Er selbst hat dafür keine Zeit. Die Aussöhnung zwischen Frankreich und Österreich ist eine politische Notwendigkeit, die brave Kaisertochter fügt sich, obwohl sie den hektischen Korsen noch nie gesehen hat.

Bei ihrer kirchlichen Trauung in Wien bekommt sie ihren Mann ebenso wenig zu Gesicht, der Bräutigam lässt sich vertreten. Napoleon hat auch für Hochzeiten keine Zeit.

Auf ihrem Brautzug nach Frankreich reist er ihr voller Ungeduld entgegen und vollzieht die Ehe – auch wieder gegen das Protokoll – gleich in der ersten Nacht. Drei Monate später bekommt der 40-Jährige bereits einen Sohn – allerdings von seiner polnischen Geliebten Maria. Sein männlicher Thronfolger wird geboren, als Napoleon 41 ist. »König von Rom« nennt er sein Söhnchen voller Stolz und überzeugt davon, dass es immer weiter nach oben gehen wird. Ein Irrtum.

Ab jetzt folgen nur noch Niederlagen und schließlich die Verbannung.

> »Mit 40 musst du in den Spiegel schauen,
> und es soll dir gefallen, was du erreicht hast.
> Nicht im Sinne von Geld auf dem Konto in der Schweiz,
> sondern wie du dich selbst verstehst.«
> Falco, Sänger

»Queen Mum« wird mit 40 zum »Hero« im Zweiten Weltkrieg.

13. September 1940, gut einen Monat nach dem 40. Geburtstag von Königin Elisabeth, fallen Bomben auf London, auch auf den Buckingham-Palast, doch »Queen Mum« hält die Stellung und

wiedersetzt sich einer Evakuierung. Der Palast wird ein bisschen lädiert, die Königin und ihre Familie aber bleiben unverletzt.

Seit Kriegsanfang hat sie sich partout geweigert, die Stadt zu verlassen, und auch ihre Töchter Eisabeth (14) und Margaret (10) mussten bleiben.

»Ich bin beinahe froh, dass wir bombardiert worden sind. Jetzt habe ich das Gefühl, dem East End ins Gesicht sehen zu können«, meint sie nach dem Angriff und besucht die Menschen in dem Londoner Viertel East End, das von den Bombenangriffen am schwersten getroffen wurde. Bis heute bleiben ihr Mut und ihre Zivilcourage während dieser Kriegsjahre legendär.

Auch mit 40 kann man noch eine Höchstleistung im Sport vollbringen: Der Finne **Albin Stenross** erringt 1924 mit 40 den Sieg im olympischen Marathonlauf.

> **»40 ist die beste Zeit für einen Mann.**
> **Meine Jugend war glücklich, aber ich möchte nicht**
> **noch einmal 20 sein. Das ist anstrengend. Ich trauere**
> **nur der Unbeschwertheit jener Zeit nach.«**
> Gérard Depardieu, Schauspieler

Zehn Jahre später, 1934, beginnt auch der 40-jährige studierte Lehrer, Gelegenheitsdichter und Kommunist **Mao Tse-tung** zu laufen. Zusammen mit 86 000 Männern (und immerhin 35 Frauen) startet er seinen legendären »Langen Marsch« durch China, der 370 Tage dauern wird.

Die 12 500 km legt Mao übrigens meist auf weichen Polstern zurück – in einer selbstentworfenen Sänfte.

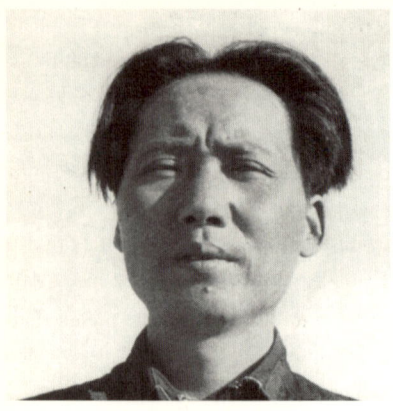

Mao beginnt mit 40 seinen »Langen Marsch«. Danach sind 70 000 seiner Begleiter tot, und er wird Vorsitzender des Zentralkomitees der Kommunistischen Partei Chinas.

1604 gehört der Dichter **Shakespeare** mit 40 bereits zu den erfolgreichsten Bühnenautoren, seine Schauspielertruppe genießt als »King's Men« königliche Protektion, und er ist Teilhaber des besten und beliebtesten Theaters, des Globe Theatre.

Mit 40 ist Opernkomponist **Verdi** 1853 Superstar der italienischen Opernwelt. Bis vor einem halben Jahr hat er komponiert wie am Fließband, in den letzten zwölf Jahren 16 Opern, also durchschnittlich alle 9 Monate eine Oper. Seine drei letzten Werke, Rigoletto(1851), Der Troubadour (1853), La Traviata (1853), sind Spitzenreiter. Er steht im Zenit, erfolgreich, höchstbezahlt, verlangt unerhörte Gagen und bekommt sie auch. Davon hat er sich Land und Haus in Busseto gekauft. Der 40-jährige Witwer lebt dort mit der Sopranistin Giuseppina Strepponi zusammen. In den Augen der Mailänder Gesellschaft ist sie eine »puttana«, eine Schlampe, denn sie hat Affären und drei uneheliche Kinder. Doch Verdi wird sie sogar heiraten – mit 46 Jahren.

Comeback

Neuer Körper, neuer Film, neuer Mann – Schauspielerin **Demi Moore** will 2003 mit 40 das vollkommene Comeback erzwingen.

Vor zehn, fünfzehn Jahren war Demi Moore in Hollywood mal ein Star und erhielt über zehn Millionen Dollar Gage für einen Film. Doch dann floppten ihre Filme, und nach der Trennung von Ehemann und Schauspieler Bruce Willis nach elf Ehejahren wurde es erst mal still um die 35-jährige Mutter von drei Kindern.

Doch mit 40 meldet sie sich zurück: Zuerst – wie in Hollywood üblich – mit ihrer neuen Liebe, dem Schauspieler Ashton Kutcher (25), der ihr dritter Ehemann werden wird. Dann mit dem Streifen »Drei Engel für Charlie – Volle Power« und zuletzt mit einem komplett renovierten Körper. Die letzten fünf Jahre hat sie ihren Body bearbeitet, aber nicht nur mit Kampfdiäten und Extremsport. Die britische Zeitung »Sun« soll mit Hilfe von Schönheitschirurgen die Kosten der Wartungsarbeiten auf rund 360 000 Euro berechnet haben.

Dumm nur, dass sie in den Augen der Produzenten nun wieder zu jung aussehen wird, um eine Frau in den Vierzigern zu spielen.

> »Frauen sind am faszinierendsten zwischen 35 und 40, nachdem sie einige Falten bekommen haben und wissen, wer sie sind. Und selbst wenn Frauen die 40 überschritten haben, kann sich diese maximale Ausstrahlung endlos fortsetzen.«
> Christian Dior, Modeschöpfer

»A star is reborn« – 1956 kehrt die 40-jährige Schauspielerin **Ingrid Bergman** reumütig zurück nach Hollywood und schafft ein spektakuläres Comeback.

Vor über zehn Jahren war Ingrid Bergman einer der Superstars Hollywoods gewesen. Hemingway wollte nur sie für »Wem die Stunde schlägt« (1943), sie bekam einen Oscar für »Das Haus der Lady Alquist« (1944) und wurde von Hitchcock gleich in drei Filmen eingesetzt.

Dann leistete sich der Filmstar einen nie dagewesenen Skandal: Sie zeigte Hollywood die kalte Schulter und brannte mit einem verheirateten Latin Lover nach Italien durch.

Mit 33 ließ sie ihr bisheriges Leben hinter sich: Amerika, ihre Hollywood-Karriere, ihren Mann Petter Lindström und ihre damals elfjährige Tochter Pia – und das alles für den verheirateten Macho Roberto Rossellini, einen Regisseur neorealistischer Filme, von dem sie sehr bald schwanger wurde.

Das war nicht nur ein Schlag ins Gesicht Hollywoods, es war eine Beleidigung für Amerika, ein Politikum. Die Bergman wurde zur Skandalfrau, zur Unperson.

Sie heiratete Rossellini, der ihretwegen seine Geliebte Anna Magnani und sogar seine Ehefrau verließ, und bekam in rascher Folge drei Kinder von ihm. Die Filme, die sie mit ihm drehte, wurden allesamt Flops. Mit anderen Regisseuren durfte sie jedoch nicht arbeiten, »für ihn war das das Gleiche wie sexuelle Untreue«, schreibt sie in ihren Erinnerungen. Bald beginnt ihr Stern zu verlöschen:

»Ingrid Bergman war mal ohne Frage der größte Filmstar der Welt, die Nachfolgerin von Greta Garbo, aber in ihrem letzten Film ist sie nur noch ein Schatten ihrer selbst«, muss die 40-Jährige in der italienischen Illustrierten »Oggi« über ihren letzten

**Die 40-jährige Ingrid Bergman mit ihrem Ehemann
Roberto Rossellini (49)**

Film mit Rossellini lesen. Das Geld wird knapp, und Hollywood lockt mit dem Filmprojekt »Anastasia«. Roberto sagt nein, Ingrid sagt ja und geht.

Wie sieben Jahre zuvor verlässt sie Mann und Kinder (Roberto, 5, die Zwillinge Isabella und Isotta, 3).

In Amerika wird die 40-jährige Heimkehrerin 1956 begeistert begrüßt. Sie dreht »Anastasia« und wird von Hollywood mit ihrem zweiten Oscar belohnt.

1966 meldet sich ebenfalls mit 40 die Schauspielerin **Hildegard Knef** zurück, und zwar mit eigenen Chansons.

»Mein Leben ist eine einzige Achterbahn«, hat Hildegard Knef mal gesagt. Mit 40 jedenfalls fährt sie wieder auf den obersten Gleisen. Ähnlich wie Ingrid Bergman hat sie erfahren, wie schnell die Publikumsgunst umschlagen kann. Nach einigen Berg-und-Tal-Fahrten ist die einstige »Sünderin« mit 40 aus Amerika zurück und in Deutschland rehabilitiert. Der Weltstar mit dem amerikanischen Pass hat inzwischen nicht nur sich selbst gefunden, sondern auch den passenden Mann – und ihre Singstimme. Seit vier Jahren ist sie verheiratet mit »Tonio«, dem englischen Schauspieler David Cameron (33), und seit vier Jahren singt sie und ist damit fast erfolgreicher als mit ihren Filmen.

Mit 40 beginnt sie nun eigene Texte zu schreiben und bringt 1966 ihre erste LP mit selbstverfassten Liedtexten heraus: »Ich seh die Welt durch deine Augen«. Sie wird ebenso ein Riesenerfolg wie ihre erste Konzerttournee im gleichen Jahr.

**Hilde Knef mit 40:
Sie beginnt ihre eigenen
Chansons zu schreiben.**

Mit 40 feiert Discotänzer **John Travolta** 1994 seine Wiederauferstehung als Killer.
Mit dem Kultfilm »Saturday Night Fever« 1977 wurde der 23-jäh-

rige John Travolta berühmt, doch irgendwann war die Discowelle tot und ihr Vortänzer out. 17 Jahre älter und 20 kg schwerer, gelingt ihm mit 40 ein spektakuläres Comeback. Regisseur Quentin Tarantino läß ihn in »Pulp Fiction« einen Killer spielen. Die Kritik jubelt, denn in dem ehemaligen Tanzguru steckt ein exzellenter Schauspieler. Er bekommt den Oscar und wird zukünftig einer der erfolgreichsten und bestbezahlten Schauspieler.

»Schmeiß die Klamotten weg und entlasse deine Band«, rät ihr neuer Manager 1979 der Sängerin **Tina Turner** – und es wirkt: Mit 40 startet sie endlich erfolgreich ihre Solokarriere.

Unter dem Namen »Ike & Tina Turner« sang sie zusammen mit ihrem Ehemann in den 1970er-Jahren die ersten Hits. Bei der Scheidung zwei Jahre zuvor verzichtete die damals 38-jährige Tina Turner auf Unterhalt und Musikrechte, nur ihren Künstlernamen behielt sie.

Doch ihre Solokarriere klappte nicht, kein Produzent wollte Tina ohne Ike. Durch gelegentliche Auftritte konnte sie sich gerade so über Wasser halten. Sie saß in einem tiefen Karriereloch, hochverschuldet, solo und zu alt für die Branche – das Aus.

Dann – mit 40 – hat sie unendliches Glück. 1979 lernt sie den australischen Musikmanager Roger Davies (27) kennen, einen jungen Mann mit frischen Ideen und vielen Beziehungen in der Musikbranche. Durch ihn wird sie das erfolgreichste Comeback der Musikgeschichte schaffen.

Freiwillige Aussteiger

> »Ich bin dankbar, dass ich diesen Beruf
> habe ausüben dürfen. Ich bin aber genauso dankbar,
> dass ich es heute nicht mehr tun muss.
> Alles zu seiner Zeit.«
> Boris Becker, Tennisspieler, an seinem 40. Geburtstag

Es gibt die bewussten Aussteiger, die aus dem Arbeitskarussell herausspringen und mit 40 nur noch leben wollen.

Jan Kiepura, einer der größten Operntenöre des 20. Jahrhunderts, ist international erfolgreich und gefragt, als er 1942, mit 40, beschließt, nie mehr Opern zu singen.

Der berühmte Opernkomponist **Gioachino Rossini** genießt mit 40, 1832, schon seit drei Jahren ein fröhliches Rentnerleben. Als bestbezahlter Superstar der Opernwelt komponierte er in 21 Jahren 39 Opern und verdiente ein Vermögen. Mit 37 schrieb er seine letzte Oper und stieg aus. »Ich halte nichts vom Recht auf Arbeit; ich halte es lieber für das größte Recht des Menschen, nichts zu tun«, soll er mal gesagt haben. Der 40-jährige Rentner komponiert kleine Stücke für den Eigenbedarf, musikalische »Alterssünden«, wie er sie nennt. Ansonsten dreht sich sein Leben um Küche, Kochkunst und kulinarische Köstlichkeiten.

»Ich habe keine Pläne, weder für Filme noch für sonst etwas. Ich lasse mich einfach treiben«, sagt die 40-jährige **Greta Garbo** 1946 zu Reportern – und genau das wird die Frührentnerin die nächsten 44 Jahre, bis zu ihrem Tod, tun: nichts.

Ihre einzige Beschäftigung ist, die Zeit totzuschlagen, und wenn sie nachdenkt, dann nur über sich selbst. »Sie interessierte sich für nichts und niemanden im Besonderen«, schrieb ihr Freund Cecil Beaton.

Vier Jahre zuvor, 1941, war der Filmstar Greta Garbo auf dem Gipfel seines Ruhms und drehte einen Streifen nach dem anderen, für 300 000 Dollar pro Film. Plötzlich verließ die »Göttliche« den Filmtempel für immer – mit erst 36 Jahren. »Hier habe ich die besten Jahre meines Lebens vergeudet«, wird die schwedische Schönheit später über Hollywood sagen.

Mit 40 gilt die Pensionärin immer noch als die schönste Frau der Welt, ist mehrfache Millionärin und wohnt im Hotel Ritz Tower in New York. Täglich macht sie ausgiebige Spaziergänge im Central Park und klagt über Langeweile und Einsamkeit. Mit dem britischen Fotografen Cecil Beaton (41) hat sie ab Frühjahr 1946 eine kurze Liebesaffäre, die er in seinen Tagebüchern peinlich genau festhält. Die Garbo lernt mit 40 aber auch den verheirateten Millionär Georg Schlee (46) kennen, der für sie in den nächsten 20 Jahren eine wichtige Stütze sein wird.

Diese Beziehung wird ihr ein bisschen gegen die Einsamkeit helfen, aber nicht gegen ihre unendliche Langeweile.

»Ich bin eine beruflich zweifellos erfolgreiche, im Privatleben gewiss erfolglose Frau«, resümiert die Schauspielerin **Brigitte Bardot** zu ihrem 40. Geburtstag 1974.

Sie ist dreimal geschieden und hat einen ungewollten Sohn, Nicolas-Jacques Charrier (14), der bei den Großeltern aufwächst. Auch mehrere unglückliche Liebesaffären und ein paar Selbstmordversuche hat sie schon hinter sich. Und vor zwei Jahren hat sie den Weltstar »BB« sterben lassen.

Brigitte Bardot mit 40: Tierschutz als neues Lebensziel

Den Entschluss dazu fasste sie während der Dreharbeiten »meines letzten Films, des neunundvierzigsten in meiner Karriere«, einer mittelalterlichen Komödie mit dem vielsagenden Titel »Die sehr schöne und sehr vergnügliche Geschichte von Collinot, dem Rock-Hochheber«.

> »Der Mythos von BB ist zu Ende.
> In fünf Jahren haben mich die Leute vielleicht vergessen,
> vielleicht aber auch nicht.
> Ich bin dann fünfundvierzig und kann leben
> wie jeder andere auch.«
> Brigitte Bardot, Schauspielerin

Mit Hund Pichnou saß die extreme Tierfreundin in ihrem Hotel-zimmer und fütterte ein Zicklein, das sie soeben vor dem Koch bewahrt hatte. »Plötzlich hing mir alles zum Halse heraus: dieser falsche Schein, diese Zwänge, die mich abkoppelten von den eigentlichen Werten des Lebens …« Sofort gab sie ihren Ent-schluss an die Presse weiter: »Ich steige aus, für mich ist jetzt Schluss, dieser Film ist mein letzter – ich bin es leid!«

Von nun an schwört sie, sich »um sämtliche Tiere der Welt zu kümmern … für sie zu kämpfen, sie zu rächen, sie zu lieben und Liebe für sie zu erbetteln – bis zu meinem Tode«. Die Tiere, sagt die 40-jährige Kindfrau mit dem Schmollmund, seien alles, was sie brauche.

> Von den 40- bis 49-Jährigen besitzen
> 18 % einen Hund
> 17 % eine Katze
> 7 % ein Nagetier
> 5 % Vögel
>
> Ifak Institut, 2007

Zahlreiche Enttäuschungen mit Männern und Vertrauensbrüche angeblicher Freunde bestätigen ihr, dass man von Menschen nicht viel erwarten kann.

In einem Interview anlässlich ihres 40. Geburtstages mit der Schriftstellerin Françoise Sagan résümiert sie über ihr bisheriges Leben: »Sagen wir, ich bin unvollkommen, und darum will ich nicht weiterarbeiten. Ich will versuchen, aus meinem wirklichen Leben etwas zu machen. Bisher ist es nur Stückwerk.«

»Ich will nicht mehr etwas sein, was ich nicht bin.« Auch Schauspielerin **Debra Winger** verlässt 1995 mit 40 den Filmzirkus und zieht nach New York.

Mit Streifen wie »Was vom Tage übrigblieb« und »Der Himmel über der Wüste« hatte sie sich schon ganz nach oben gespielt. Die Filmarbeit mag sie, aber das ganze Drumherum hat sie desillusioniert.

Auf einer Straße in Irland fasst sie endlich den Entschluss. »Ich wollte schon Jahre vorher aufhören. Ich war es leid, mich immer selber zu hören: ›Ich will aufhören.‹ Also, Schluss damit! Ich hörte auf, Drehbücher zu lesen und mich darum zu kümmern«, erzählt sie rückblickend.

Oh Glückes Geschick! Die Wendung

Mit 40 kann sich durch Glück oder Schicksal das ganze Leben positiv verändern, weil man endlich den Durchbruch schafft.
Oder aber das Leben nimmt durch einen Zufall sogar eine ganz andere Wendung. In der Filmbranche gelingt einigen Schauspielern genau mit 40 der große Coup:
Richard Gere wird 1990 weltweit berühmt durch »Pretty Woman«, **Susan Sarandon** schafft 1987 mit »Die Hexen von Eastwick« den Durchbruch, und **Johnny Depp** wird 2003 durch »Fluch der Karibik« ein solches Idol, dass der 40-Jährige von der Zeitschrift »People« zum »Sexiest Man Alive 2003« ernannt wird.
Übrigens: Auch Schauspieler **Peter Falk** ist 40, als er 1968 zum ersten Mal den Inspektor Columbo spielt, und **Dietmar Schönherr** beginnt 1966 mit 40 als Major Cliff Allister McLane das Kommando über das »Raumschiff Orion« zu übernehmen.
Mit 40, 1981, wird der Regisseur **Wolfgang Petersen** durch seinen Film »Das Boot« reich und international berühmt, ebenso wie der 40-jährige Komponist **Alban Berg** 1925 durch die Uraufführung seiner Oper »Wozzeck«.

Genau an seinem 40. Geburtstag 1922 hält der irische Schriftsteller **James Joyce** nach sieben Jahren Arbeit das erste Exemplar seines – wenn auch wegen angeblicher Obszönitäten zensierten – »Ulysses« in Händen. Es wird sein berühmtester Roman werden, durch den James Joyce unsterblich werden wird.

Auch für den Schriftsteller **Paul Auster** wendet sich mit 40, 1987, das Blatt. Seit sieben Jahren lebt er mit seiner Frau Siri in

Brooklyn, dem Schauplatz fast all seiner Geschichten, die bis jetzt allerdings niemanden interessierten. Zuvor war er Matrose, er bereiste Europa, lebte ein paar Jahre in Paris, arbeitete dort als Übersetzer, Englischlehrer und Telefonist. Seit Jahren hält er sich nun mit Lehraufträgen über Wasser und übersetzt Werke französischer Autoren. Seine eigenen Bücher will keiner lesen, geschweige denn verlegen. 17 amerikanische Großverlage lehnen seine Detektivgeschichten ab, bis endlich ein kalifornischer Kleinverlag sie druckt: die »New-York-Trilogie«. Das Buch wird ein Bestseller, und der 40-jährige Paul Auster ist ab jetzt weltbekannt.

Mit 40 erhält der Minentaucher **Jacques Cousteau** 1950 ein Geschenk, durch das er zum Meeresforscher wird.

Eigentlich wollte er Pilot werden, doch mit 25 hatte er einen schweren Autounfall und musste sich aus Therapiegründen fast nur noch im Wasser aufhalten. Bei dieser Gelegenheit brachte ihm ein Freund das Tauchen bei. Ab da wollte er nur noch eins: unter Wasser sein und arbeiten.

Im Krieg war er Unterwasserspion und Marineoffizier, danach Chef eines Minenräumkommandos. Dafür entwickelte er eine tiefseetaugliche Kamera, einen Unterwasser-Scooter und das erste tragbare Pressluft-Atemgerät, die Aqualunge. Er gilt seitdem als »Vater des Sporttauchens«. Lieber hätte er allerdings die Unterwasserwelt erforscht, als immer nur Bomben zu entschärfen.

Im Alter von 40 wird sein Traum wahr. Das amerikanische Magazine »Life« bringt eine Reportage über seine Arbeit. Dadurch wird der schwerreiche irische Bierbrauerei-Milliardär Lord Noel Guinness auf ihn aufmerksam und ist bald darauf sein Mäzen. 1950 schenkt er Jacques Cousteau ein ausgemustertes Minensuchboot. Cousteau macht sich sogleich an die Arbeit und baut es zu einem Forschungsschiff um. Er nennt es »Calypso«, und wird mit seinen Expeditionen weltberühmt werden.

Mit 40 entschließt sich US-Milliardär **Steve Fossett**, endlich richtig schwimmen zu lernen – ein paar Monate später, 1984, durchschwimmt er gleich den Ärmelkanal. Schon seit Kindesbeinen ist der leidenschaftliche Pfadfinder für jedes Abenteuer, jede Extremsportart zu begeistern. Aber von jetzt an beginnt seine Sucht, ja Manie, immer extremere Rekorde aufzustellen.

Ohne viel körperliche Anstrengung hingegen ändert sich auch das Leben eines gewissen **Mohammed** mit 40 schlagartig. Er sitzt in einer einsamen Berghöhle, als ihm der Engel Gabriel erscheint und befiehlt, einige Verse des Koran vorzulesen – der Beginn einer großen Prophetenkarriere.

Als der Siouxhäuptling **Red Cloud** 40 ist, finden die Weißen 1862 in den Bergen des heutigen Staates Montana Gold. Ab da beanspruchen die Weißen die Jagdgründe der Lakota-Indianer. Aus ist es mit Büffeljagd und Ruhe. Red Cloud sieht rot, organisiert den Widerstand gegen die Forts der Weißen und wird einer der berühmtesten Häuptlinge der Indianer werden.

Eine extreme berufliche Kehrtwendung unternimmt eine der bekanntesten deutschen Filmschauspielerinnen, **Marianne Koch**. Sie spielte mit Curd Jürgens in »Des Teufels General«, an der Seite von Clint Eastwood in »Für eine Handvoll Dollar«, doch nach rund 70 Filmen verabschiedet sie sich mit 40 von der Filmwelt und nimmt 1971 ihr Medizinstudium wieder auf. Mit 24 hatte sie nach neun Semestern aufgehört zu studieren, weil sie für den Film entdeckt worden war.

Umgekehrt machte es Showmaster und TV-Koch **Alfred Biolek**: Der hatte zuerst sein Jurastudium durchgezogen. 1974, mit 40, bekommt der Jurist die Chance, die Sendung »Am laufenden Band« mit Rudi Carell zu produzieren. Es wird der berufliche Durchbruch für seine Fernsehkarriere.

Tapetenwechsel

Trautes Heim

Von den 40- bis 49-Jährigen wohnen

34 % in einem freistehenden Ein-/Zweifamilienhaus

19 % im Reihenhaus

41 % im Wohnhaus mit mehreren Wohnungen

1 % im Hochhaus

3 % auf einem Bauernhof

TNS Infratest, 2006

Auch ein Umzug bedeutet immer eine Veränderung im Leben. Mit 40 scheint bei vielen ein Ortswechsel angesagt zu sein; oft wird besonders die Sehnsucht nach einem eigenen Heim, einem Häuschen mit 40 deutlich.

»Wer sich häufig aussetzt wie ich, … der braucht als Gegenpol eine Art Nest, einen Platz, wo er ganz daheim ist«, meint Bergsteiger **Reinhold Messner** und findet sein Nest in Südtirol. Dort kauft er Schloss Juval, eine mittelalterliche Burg, und restauriert sie. »Ich bin mit 40 Jahren umgezogen, von Villnöss in Südtirol in den Dolomiten nach Juval, wieder in Südtirol. Und hier in Juval, hoch über dem Vinschgau auf einem Granitfelsen, habe ich wirklich mein Nest gefunden. Es ist natürlich ein exponierter Ort, aber er passt zu mir.«

Ein passendes Domizil findet mit 40 auch der englische Regisseur **Alfred Hitchcock**. Seit seinem Umzug von London nach Hollywood vor knapp einem Jahr ist der 40-Jährige mit seiner Familie in einer der typischen Wohnungen im kalifornischen Stil unterge-bracht: alles in blendendem Weiß eingerichtet, mit Blick auf den Pool – kein Zuhause für Hitchcock. »Was ich möchte, ist ein Heim«, erklärt der Brite, »keine Filmdekoration mit Zentralheizung. Alles, was ich brauche, ist ein gemütliches kleines Haus mit einer gut ein-gerichteten Küche – und zum Teufel mit einem Swimmingpool. Das Erste, worüber diese Grundstücksmakler immer reden, ist der Pool …« Gesucht, gefunden, gemietet: Mitte Oktober 1939 zieht Familie Hitchcock um, in ein möbliertes Haus, einfach, gemütlich und ganz anders als die Villen am Sunset Boulevard.

In eine der exklusivsten Gegenden von Los Angeles, nach Holm-by Hills, zieht es dagegen das 40-jährige Trickfilm-Genie **Walt Disney.** Er kauft dort ein Grundstück und lässt ein Haus nach seinen eigenen Plänen bauen.

1942, kurz nach seinem 40. Geburtstag, zieht er mit seiner Fami-lie in das neue Heim, nimmt von der Filmbranche eine Auszeit und genießt das Zusammensein mit seinen Töchtern Diane (9) und Sharon (6).

Ganz ähnlich ist das auch bei dem deutschen Cartoonisten **Vicco von Bülow** oder kurz **Loriot.** Auch er hatte, in einem an »Hoch-stapelei grenzenden Wagnis«, ein Grundstück gekauft, unweit des Starnberger Sees bei München, und ein Jahr lang an den Ent-würfen für sein neues Haus gezeichnet. Kurz vor seinem 40. Geburtstag, im Herbst 1963, kann er sein neues Anwesen in Ammerland beziehen, zusammen mit Ehefrau Romy (35), seinen zwei Töchtern Bettina (10) und Susanne (6) und Neufundländer Lucas (7).

Mit 40 zieht auch der russische Zar **Peter der Große** in ein neues Heim um, allerdings nicht etwa nur in ein Haus, sondern in eine eigens für ihn gebaute Stadt. Nach einer Europareise war der russische Zar so begeistert, dass er sich eine Stadt im Europa-Stil bauen ließ. Zehn Jahre brauchten die europäischen Baumeister, 1712 ist die Stadt bezugsfähig und wird nach dem Bauherrn Sankt Petersburg genannt. Zar Peter zieht, frisch vermählt mit Katharina I., von Moskau nach Sankt Petersburg und verlegt damit auch den Regierungssitz.

München-Bogenhausen, Isarnähe: Große, helle Wohnung, zweiter Stock, mit Blick auf das Prinzregententheater, neun Zimmer, Küche, Bad, 397 Quadratmeter Eichenparkett – genau das Richtige, denkt sich der NSDAP-Vorsitzende **Adolf Hitler** mit 40. Fix kündigt der Junggeselle sein schlichtes Untermietzimmer und bezieht das großbürgerliche Domizil am Prinzregentenplatz 16. Im Oktober 1929 zieht seine Nichte Geli (21) noch mit ein. Und für den Haushalt engagiert Hitler das Ehepaar Anni und Georg Winter.

Ebenfalls eine 9-Zimmer-Wohnung, allerdings im 7. Stock, bezieht die 40-jährige Künstlerin **Yoko Ono** 1973 zusammen mit John Lennon (33). Ihre neue Behausung liegt in einer exklusiven Gegend von New York: Central Park 1 West, 72. Straße. Das ist die Adresse des noblen Dakota Buildings, in dem Rockmusiker eigentlich nicht geduldet werden. Doch irgendwie hat das millionenschwere Künstlerpaar vor dem strengen Mieter-Auswahl-Gremium bestanden.

Mit 40 verlässt 1850 der depressive Chorleiter **Robert Schumann** samt Frau und sechs Kindern Dresden und mutiert in

Düsseldorf als Städtischer Musikdirektor zur rheinischen Froh-natur.

Wie bereits erwähnt, zieht der 40-jährige **Goethe** im Dezember 1789 an den Stadtrand von Weimar, mitsamt schwangerer Freun-din und deren Verwandtschaft.

Ebenfalls im Dezember, allerdings zehn Jahre später, zieht Kollege **Schiller** von Jena auch nach Weimar. In Jena fühlte er sich »wie in eine Wüste versetzt«, in Weimar dagegen werden ihm »lästige Besuche unbedeutender Fremder« bald zu viel werden. Einen knappen Monat nach seinem 40. Geburtstag bezieht er mit Frau Charlotte (33) und seinen drei Kindern eine Mietwohnung in der Windischengasse mit dazugemietetem Dachgeschoss. Es ist zwar etwas klein, aber bezahlbar. In zwei Jahren wird er sich den Traum vom eigenen Haus erfüllen, Hypotheken aufnehmen und in ein finanzielles Fiasko stürzen. Bis zu seinem Tod mit 45 wird er wegen der Schuldenlast kaum noch schlafen können.

Gandhi hatte ja schon drei Jahre zuvor seine Frau mit einem Keuschheitsgelübde geschockt, doch 1910 wird ihr Leben noch karger: Der wohlhabende Gandhi gibt mit 40 seine Rechtsan-waltspraxis auf und zieht mit seiner Familie um – in ein Selbst-versorgerdorf nach idealkommunistischem Vorbild.
Nach einem Briefwechsel mit dem russischen Schriftsteller Tols-toi ist er 1910 auf die Idee gekommen, ein autarkes Dorf zu grün-den, die Tolstoi-Farm. Einer seiner besten jüdischen Freunde, der deutsche Architekt Hermann Kallenbach, gibt ihm dafür sein Land: 1100 Hektar, 12 km vor Johannesburg. Wirtschaftlich völlig autark, materielle Bedürfnisse sowie Ernährung auf ein Mindest-

maß reduziert, lebt der früher so eitle Dandy Gandhi mit seiner Anhängerschar auf der Farm.

Inwieweit seine Keuschheitsbemühungen erfolgreich waren, bleibt unklar, dass aber die wirtschaftliche Selbstversorgung nicht klappt, wird schnell offensichtlich. Es kostet »ein Vermögen, Gandhi ein Leben in Armut zu ermöglichen«, witzelt Sarojini Naidu, Dichterin und Gandhis Nachfolgerin als Präsidentin des Indischen Kongresses, später. Ohne reiche Förderer, Industriemilliardäre wie B. M. Birla, und mächtige Anhänger hätte es die Tolstoi-Farm ebenso wenig gegeben wie Gandhis späteren Erfolg mit seiner Freiheitsbewegung.

Schlechte Zeiten im Alter von 40

> »Leben ist das, was dir passiert,
> während du damit beschäftigt bist,
> andere Pläne zu machen«,
> textet der 40-jährige John Lennon 1980 in dem Song
> »Beautiful Boy« für seinen Sohn Sean.
> Drei Wochen später wird Lennon senior erschossen.

1981 wird die 40-jährige Schauspielerin **Faye Duneway** für ihren Film »Meine liebe Rabenmutter« mit der »Goldenen Himbeere«, dem Anti-Oscar, zur schlechtesten Schauspielerin des ganzen Jahrzehnts gekürt.

Mit 40 bekommt der Komiker **Stan Laurel** 1930 einen Sohn, Robert Stanley, der neun Tage nach der Geburt stirbt. Daraufhin wird Stan Laurel zum Alkoholiker.

Voll von Alkohol und Drogen, dreht 1961 **Montgomery Clift** mit 40 den Film »Nicht gesellschaftsfähig«. Filmpartnerin Marilyn Monroe, für den homosexuellen Frauenschwarm eine Art Seelenverwandte, meinte über ihn später, dass er »der einzige Mensch war, dem es noch schlimmer ging als mir«.

Drei Jahre später, 1964, hat der Schauspieler **Marlon Brando** mit 40 nicht nur Ehe- und Alkoholprobleme, sondern zeigt auch so wenig Interesse an den Dreharbeiten zu dem Film »Morituri«, dass er danach vernichtende Kritiken erhält.

Mit 40, 1986, befindet sich auch Sängerin **Liza Minelli** in einem Karrieretief. Sie hat wieder mal eine Entziehungskur hinter sich, um von Depressionen, Valium und Alkohol wegzukommen.

Der Kriegsgegner und Dichter **Rainer Maria Rilke** wird kurz nach seinem 40. Geburtstag 1916 zum Militärdienst eingezogen. Gleich bei den ersten Übungen fällt der »Sensibilist« in Ohnmacht, er wird gemobbt und leidet furchtbar.

Die Schriftstellerin **Karen Blixen** hat 1926, mit 40, »eine Farm in Afrika am Fuße der Ngong-Berge«. Seit ihrer Scheidung vor einem Jahr versucht sie allein, die Farm vor dem finanziellen Chaos zu retten. Gleichzeitig ist sie schwanger – von der größten Liebe ihres Lebens, dem Helden ihres späteren Buches »Jenseits von Afrika«: Denys Finch Hatton. Er ist ein adliger Aussteiger, Intellektueller, Großwildjäger. Vater – das will er allerdings nicht sein. »Entscheide wie Du willst«, schreibt er der schwangeren Karen in einem Telegramm vom 21.5.1926, »… ich würde es begrüßen, wenn ich eine Partnerschaft anbieten könnte, aber das ist unmöglich.« Kurze Zeit später erleidet Karen Blixen eine Fehlgeburt.

> **8102 der 40- bis 44-jährigen Frauen in Deutschland haben 2008 abgetrieben.**
>
> Statistisches Bundesamt, 2008

Mit 40 findet das angenehme Leben von **Mose** im Palast des ägyptischen Pharaos ein jähes Ende. Als Findelkind aus dem Stamm Levi war er von der Schwester des Pharaos entdeckt und sogleich adoptiert worden. Er war »in aller Weisheit der Ägypter« unterwiesen worden, doch mit 40 sah er einen ägyptischen Mann, der einen seiner hebräischen Brüder schlug. »Und er wandte sich dahin und dorthin, und als er sah, dass kein Mensch da war, erschlug er den Ägypter und verscharrte ihn im Sande.« (2. Moses, 2, 11-12).

Doch schon einen Tag später merkt er, dass es Zeugen für seinen Mord gibt, die ihm partout nicht glauben wollen, dass er die ausführende Hand Gottes ist. (Apostelgeschichte 7, 25) »Da fürchtete sich Mose und sprach: Fürwahr, die Sache ist kund geworden!« Auch sein Onkel, der Pharao, weiß inzwischen schon von dem Mord.

Mose bleibt also nur noch die Flucht.

Das liebe Geld

Durchschnittliches monatliches Nettoeinkommen
der 40- bis 49-Jährigen in Deutschland 2006: 1702 Euro

TNS Infratest, 2006

Mit 40 haben auch die Berühmten nicht unbedingt ausgesorgt. Natürlich gibt es echte Geldschneider, wie z.B. den Philosophen, Dichter und Schriftsteller **Voltaire.**
Dieser ist nicht nur durch seine Schriften wohlhabend geworden, sondern bereichert sich mal als Aktienspekulant, mal als Lotterieeinnehmer, fordert als Geldverleiher 12 Prozent Zinsen und fällt immer auf die Füße – wie Gustav Gans.

Der 40-jährige Maler **Gauguin** dagegen gibt mit 40 »jeden Tag einen Franc zum Essen aus und 20 Centimes für Tabak« – mehr ist nicht drin. Von seiner Kunst kann er nicht leben, Gelegenheitsjobs halten ihn über Wasser.

Dr. **Gottfried Benn,** Facharzt für Haut- und Geschlechtskrankheiten in Berlin und leidenschaftlicher Lyriker, würde liebend gern nur noch schreiben. An seinem 40. Geburtstag 1926 macht er Kassensturz und rechnet aus, was er innerhalb der letzten 15 Jahre mit seiner Schreiberei im Durchschnitt monatlich verdient hat. Er kommt auf ungefähr 4,50 Mark – und führt notgedrungen seine Praxis weiter.

1839, mit 40, arbeitet der Schriftsteller **Honoré de Balzac** rund um die Uhr, doch sein Schuldenberg wird einfach nicht kleiner. Er schreibt und schreibt und schreibt, pro Tag bis zu 16 Stunden, aufgeputscht durch 50 Tassen Kaffee, doch auf den grünen Zweig kommt er nie. Die Einnahmen aus seinen Büchern sind hoch, seine Ausgaben aber viel höher. Er lebt in Saus und Braus mit eleganter Wohnung, Landsitz, Antiquitäten und eigener Kutsche. Er flieht nahezu drei Jahrzehnte lang vor seinen Gläubigern und macht daraus letztendlich einen Sport. Seine Tipps, wie man mit Geld, das man gar nicht besitzt, prima leben kann, lassen sich in seinem Buch »Die Kunst, seine Schulden zu zahlen und seine Gläubiger zu befriedigen, ohne auch nur einen Sou selbst aus der Tasche zu nehmen« nachlesen.

> Ein 40- bis 44-jähriger Bundesbürger hatte 2007 durchschnittlich 8983 Euro Schulden.
>
> Schufa Holding, 2007

In seinem Werk »Der Spieler« beschreibt der russische Schriftsteller **Fjodor Dostojewski** die Methode, mit der er im Alter von 40 zu Geld kommen will. Denn 1862 sitzt der 40-jährige Schriftsteller lieber am Roulettetisch als am Schreibtisch.

Schon mit 25 durch sein Erstlingswerk »Arme Leute« schlagartig berühmt geworden, wurde das junge Genie anschließend als Revolutionär nach Sibirien verbannt. Seit zwei Jahren ist der 40-jährige Dostojewski nun zurück in Sankt Petersburg und veröffentlicht die Erinnerungen an diese Zeit in seinen »Aufzeichnungen aus einem Totenhaus«. Gleichzeitig gründet er mit seinem Bruder eine Zeitung: »Die Zeit«; doch Geld bringt das alles kaum. Lieber spielen statt schreiben, denkt sich Dostojewski und kann »in dem Wunsch, möglichst viel Geld in möglichst kurzer Zeit zu gewinnen, nichts Schmutziges sehen«. Ab 40 reist er quer durch Deutschland, die damalige Hochburg der Spielbanken, von einem Kasino zum anderen.

»Trautes Heim – Glück allein.« Von wegen – auch für die Berühmten wird ein neues Haus immer wieder zum Alptraum. Nicht nur die schon erwähnten Schriftsteller **Honoré de Balzac** und **Friedrich Schiller** leisten sich Häuser, die sie finanziell ruinieren.

Hochverschuldet wegen eines Hauskaufs ist 1646 auch der 40-jährige Maler **Rembrandt,** obwohl er einer der höchstbezahlten Maler ist. Mit 33 hat er sich ein horrend teures Haus gekauft, obwohl er sich nicht einmal die Anzahlung leisten konnte, und ist seitdem tief in den Miesen. Noch dazu hat er ein Vermögen für die Ausstattung ausgegeben, seine Kauf- und Sammelleidenschaft ist geradezu zwanghaft. Seit vier Jahren Witwer, wohnt er mit 40 nun ganz allein mit seinem kleinen Sohn Titus (4) in diesem riesigen Haus. Wegen seiner finanziellen Schwierigkeiten zieht er sich immer mehr aus der Gesellschaft zurück. Dadurch wiederum verliert er den Kontakt zu seinen Auftraggebern – und gerät immer tiefer in die Finanzmisere. Mit 50 wird er schließlich total pleite sein.

Gedanken ans Alter

Für ihr Alter vorgesorgt haben von den 40- bis 49-Jährigen

60 % durch eine Lebensversicherung

45 % durch Wohneigentum

24 % durch eine private Rentenversicherung

 9 % durch Aktienfonds

TNS Infratest, 2007

»Als ich mit 40 Jahren keine Rente in Aussicht hatte, habe ich das erste Mal investiert, weil ich mir plötzlich vorstellen konnte, dass ich älter werde als 40«, sagt der Bergfex **Reinhold Messner**. »Vorher konnte ich mir das gar nicht vorstellen. Und dann habe ich einen Selbstversorgerbauernhof in Südtirol auf die Beine gestellt.«

Auch Operndiva **Maria Callas** sorgt sich um ihre finanzielle Zukunft: »Ich bin immer auf der Hut, habe immer Angst, dass ich verarmt sterbe oder meinen Lebensabend in Armut friste.« Daher will sie Schiffseigentümerin werden und kauft zusammen mit Onassis und seinem Reederfreund Vergottis ein 13,2-Millionen-Dollar-Schiff namens »Artemision II«. Die Callas soll 51 % der Aktien erhalten, doch das sieht Vergottis anders und zieht 1967 vor Gericht. Ergebnis: Die 30-jährige Freundschaft der beiden Reedermillionäre ist futsch und Marias Investition zur privaten Altersvorsorge auch.

Und vor allem Gesundheit

> »Und, wie fühlt man sich so mit vierzig?
> Phantastisch, großartig, sensationell.
> Bis auf das Stechen hinter dem Brustbein
> sowie das morgendliche Taubheitsgefühl in
> beiden Armen auch strotzend vor Gesundheit ...«
> Harald Schmidt, Moderator und Kabarettist

Rücken- und Gelenkschmerzen gehören nicht nur heute zu den häufigsten Leiden der 40-Jährigen.

1583 hat Königin **Maria Stuart** aufgrund der ungünstigen Wohnbedingungen in feuchtkalten Burgen schon mit 40 entsetzliche Rheumaschübe, ebenso wie später **Goethe.**

Den 40-jährigen Dichter plagen außerdem schon seit 14 Jahren immer wieder heftigste Zahnschmerzen, in seinen Notizen ist häufig von Zahnfleischentzündungen, dicken Backen und geschwollenen Lippen die Rede. Der Zustand seiner Zähne ist katastrophal, sein Lächeln durch die »gelben, äußerst krummen Zähne entstellt« (David Veit).

Von den 40- bis 49-Jährigen sind
61 % Nichtraucher
39 % Raucher
Sozialforschung, Deutschland 2006

Wegen ihrer gelbbraunen kariösen Zähne hält auch die 40-jährige Kaiserin **Sisi** den Mund lieber geschlossen oder verdeckt ihn hinter Taschentuch, Fächer oder dem berühmten Sisi-Schleier.

Übrigens kann die Gelbfärbung ihrer Zähne auch vom Rauchen herrühren.

Mit 40 raucht der Psychiater **Sigmund Freud** täglich mindestens 20 Zigaretten und leidet häufig unter Herzbeschwerden. Drei Jahre zuvor hatte er mal versucht, mit dem Rauchen aufzuhören, daraufhin ging es ihm erst richtig mies: »... bald nach der Entziehung kamen leidliche Tage ... da kam plötzliches Herzelend, größer als je beim Rauchen. Tollste Arrhythmie, beständige Herzspannung – Pressung – Brennung, heißes Laufen in den linken Arm ... und dabei ein Druck auf die Stimmung ...«

Nach siebenwöchiger Abstinenz raucht er wieder und fühlt sich besser. Von da an reduziert er seinen Tabakkonsum, ist aber der endgültigen Überzeugung, das Rauchen nie aufgeben zu können.

Der 40-jährige Arzt glaubt an seinen frühen Tod, er meint, zwischen 40 und 50 an einem Herzschlag sterben zu müssen. In Wirklichkeit wird er noch 45 Jahre leben.

40- bis 49-jährige Raucher konsumieren durchschnittlich 17,5 Zigaretten pro Tag.

TNS Infratest, 2006

Freud ist ein Suchtmensch und war mit 28 sogar von Kokain begeistert.

Auch die »Kaiserin der Herzen« **Sisi** hat ihre Kokainspritze immer griffbereit, vielleicht wegen Zahnschmerzen oder auch Depressionen. Die 40-jährige Sisi kränkelt eigentlich schon seit

20 Jahren vor sich hin, vermutlich psychosomatisch. Denn immer, wenn sie Mann, Kinder und Wien verlässt, wird sie sofort wieder gesund.

Psychische Störungen, Neurosen und Ticks sind im übrigen unter Berühmten an der Tagesordnung.

Der Mathematiker **Isaac Newton** fühlt sich ständig verfolgt, der Trickfilmer **Walt Disney** leidet mit 40 unter Waschzwang, der Schriftsteller **Robert Musil** muss alles zählen, und der Philosoph **Arthur Schopenhauer** wie auch der Märchenschreiber **Hans Christian Andersen** haben Angst, lebendig begraben zu werden. Darum legt Schopenhauer eine Waffe auf seinen Nachttisch, Andersen hingegen Zettelchen mit dem Hinweis: »Ich bin nur scheintot.«

Der Dichter **Heinrich Heine,** um nur einen der vielen Syphiliskranken zu nennen, leidet mit 40, 1837, an Lähmungserscheinungen, sein linkes Augenlid erschlafft, und Sehstörungen stellen sich ein.

Von den 40- bis 49-Jährigen tragen 40 % eine optische Brille.

Ifak Institut, 2006

Der 40-jährige **James Joyce** ist 1922 fast blind und leidet unter Magenbeschwerden, genauso wie im gleichen Alter **Charles Darwin, Peter Tschaikowsky** und natürlich **Napoleon.**

»Ich trage in meinem Inneren den Keim eines frühzeitigen Todes und werde an derselben Krankheit wie mein Vater sterben«, prophezeit Kaiser Napoleon 1808 schon mit 39 seinem Leibarzt. Sein Vater und seine Schwestern sollen an Magenkrebs gestorben sein. Ab 40 jedenfalls baut Napoleon ab. Er braucht jetzt mehr Schlaf, ist häufig geistesabwesend, fängt an zu verfetten, und seine Gesichtszüge werden schwammig.

> **Studie: Wer mit 40 zu dick ist, stirbt im Schnitt drei Jahre eher.**
>
> Annals of Internal Medicine (Bd. 138, S. 24)

Himmlische Klänge halluziniert mit 40 der Komponist **Robert Schumann,** während sein Kollege **Ludwig van Beethoven** immer weniger hört. Letzterer setzt mit 40, 1811, seine ganze Hoffnung auf die alternative Medizin.

Schon seit langem leidet er unter Magen- und Darmproblemen, Koliken, Fieberanfällen, vor allem aber unter Schwerhörigkeit und »Sausen und Brausen« in den Ohren. Mit 40 probiert der Musiker einen neuen Wunderdoktor aus, der mit seinen Heilerfolgen weit über die Grenzen Wiens hinaus von sich reden macht: Dr. Malfatti. Kein Quacksalber, sondern praktischer Arzt, sogar mit Diplom. Der bietet eine neue Heilmethode an: Magnetismus. Beethovens Darmkoliken lassen tatsächlich nach, doch taub wird er trotzdem.

Wieder völlig gesund wird der spanische Tenor **José Carreras,** der mit 40, auf dem Höhepunkt seiner Karriere, im Jahr 1987 an akuter lymphatischer Leukämie erkrankt.

Fünf Jahre früher, 1982, wird bei dem 40-jährigen Boxer **Muhammad Ali** das Parkinson-Syndrom diagnostiziert.

Im Frühjahr des gleichen Jahres erfährt »Queen«-Sänger **Freddie**

Mercury im Alter von 40 das Testergebnis HIV positiv. Seinen Gesundheitszustand hält er aber bis zum letzten Moment geheim. Er stirbt 1991 mit 45 Jahren.

Mit 40 ist der Philosoph **Nietzsche** schon seit sechs Jahren frühpensioniert – wegen Migräneanfällen. Seit seiner Kindheit leidet er durch seine starke Kurzsichtigkeit unter heftigen Kopf- und Augenschmerzen sowie Schwindel und Erbrechen.

1844, mit 40, ist der Dichter **Eduard Mörike** nur noch ein mit sich selbst beschäftigter Hypochonder. Mit 39 wurde er als Pfarrer »wegen dauernder Krankheitsumstände« pensioniert, sein Pfarrergehalt mehr als halbiert. Als 40-Jähriger liegt er »halbe Vormittage mit unsteten Gedanken, lesend und brütend im Bett«, er fängt an zu schnitzen, bemalt Ostereier und wendet sich auch in poetischer Hinsicht eher alltäglichen Dingen zu: Er reimt Senfgurkenrezepte.

> 1,88 % der Männer und 2,21 % der Frauen mit 40
> sind Frührentner in Deutschland 2003.
>
> VDR-Statistik, Frührentenzugänge)

Das genaue Gegenteil eines Hypochonders ist der zukünftige amerikanische Präsident **John F. Kennedy.** 1957, mit 40, hat er schon dreimal in seinem Leben die Letzte Ölung erhalten und nimmt täglich bis zu zwölf verschiedene Medikamente ein. Trotzdem mimt er den Sunnyboy.

Er leidet unter der Addison-Krankheit, einer Erkrankung der

John F. Kennedy mit 40:
Er bekommt den Pulitzerpreis
für ein Buch,
das er während seiner
langen Krankenhausauf-
enthalte schrieb:
»Zivilcourage«.

Nebennierenrinde, die die Abwehrkräfte des Körpers gegen In-
fektionen schwächt. Die Folgen sind u. a. Darmerkrankungen,
Asthma, Lebensmittelallergien und ein gebräunt wirkender Teint,
der Kennedy immer so vital erscheinen lässt. Daher wird die Erkrankung auch »Bronzehaut-Krankheit« genannt.

Von den entsetzlichen Rückenschmerzen, die ihn seit 20 Jahren
plagen, ganz zu schweigen. Durch einen Bandscheibenriss bei
einem Sportunfall ist seine Lendenwirbelsäule irreparabel geschädigt. Er hat Schwierigkeiten und starke Schmerzen beim Gehen,
Stehen oder Aufstehen. Meist trägt er ein Korsett und führt immer Krücken mit sich, versteckt zum Beispiel im Kofferraum.
Sein Bruder Bob wird sich später erinnern, dass John »die Hälfte
der Zeit, die er auf dieser Erde verweilte, Schmerzen hatte«.

Seit seiner Jugend ist John F. Kennedy auf Durchhalten getrimmt,
die Kennedys hüten die Leiden ihres hoffnungsvollen Sprosses
wie ein Staatsgeheimnis.

»Denk daran, es kommt nicht darauf an, was du bist, sondern
wofür dich die Leute halten«, hat ihm sein Vater Joseph Kennedy
immer eingebläut.

Beziehungs-Chaos

»Meine Meinung über 40-jährige Frauen ist die,
dass es einem Mann erlaubt sein sollte, sie – wie Geld –
gegen zwei Zwanziger einzutauschen.«
Warren Beatty, Schauspieler

Mit 40 will König **Heinrich VIII.** 1531 nur noch eins: die Scheidung. Doch seine Frau Katharina wie auch der Papst weigern sich. Also entsorgt er seine Ehefrau auf einen Landsitz und lebt mit seiner Geliebten Anne Boleyn wie ein Ehepaar gemeinsam im Schloss Windsor.

Auch der malende Jurist **Wassily Kandinsky** fährt gern doppelgleisig. 1907 lebt der 40-Jährige schon seit sechs Jahren in Murnau mit der Malerin Gabriele Münter (30) zusammen – während er gleichzeitig mit Anna Tschimjakin in Moskau seit 15 Jahren verheiratet ist.
Zehn Jahre später wird er das Spielchen noch mal wiederholen. Dann wird er in Russland eine andere Frau heiraten und seine inzwischen 40-jährige Lebensgefährtin Gabriele vergeblich auf sich warten lassen.

Ähnlich ungeordnet sind die Verhältnisse auch bei »Honey«. Der 40-jährige Vorsitzende der FDJ, **Erich Honecker**, steht 1952 unter amourösem Druck: Er hat auf der einen Seite Ehefrau Edith (43) mit Tochter Erika (2), auf der anderen Seite seit zwei Jahren die Geliebte Margot (25), die ihm im Dezember Töchterchen Sonja schenkt und nun endlich geheiratet werden will. Dabei hat der ansonsten überkorrekte Funktionär das alles schon einmal durchgemacht.

Drei Jahre zuvor war seine jetzige Frau Edith seine schwangere Geliebte, die nach zwei Jahren Zusammenleben ohne Trauschein die Heirat durchdrückte und Ehefrau Nr. 1 für immer in den DDR-Annalen verschwinden ließ.

Doch so einfach wie Ehefrau Nr. 1 will sich Ehefrau Nr. 2, Edith, nun nicht entsorgen lassen. Sie kämpft um Erich, schreibt sogar an seinen Chef Walter Ulbricht und wird erst drei Jahre später, im Frühjahr 1955, in die Scheidung einwilligen. Danach kann Margot endlich Frau Honecker Nr. 3 werden.

Margot lässt Edith genauso schnell aus der Öffentlichkeit verschwinden wie ihre zwei Jahre »wilde Ehe« mit Erich: Kurzerhand wird das offizielle Hochzeitsdatum auf 1953 vorverlegt.

Danach wäre »Honey« allerdings zwei Jahre lang Bigamist gewesen, denn in dieser Zeit war er ja noch mit Edith verheiratet.

Trennungen

»Der Spatz von Paris«, Sängerin **Édith Piaf**, ist 40, als ihr Mann und Songschreiber Jacques Pills (50) 1956 nach nur vier Ehejahren die Scheidung einreicht. Die Trennung verstärkt ihre Alkohol- und Drogenprobleme, und sie lässt sich zum wiederholten Mal in eine Entzugsklinik einweisen.

Wie schon erwähnt, weiß die 40-jährige Malerin **Gabriele Münter** 1917 noch gar nicht, dass sich ihr Lebensgefährte Kandinsky (50) bereits von ihr getrennt hat. Sie wartet in Skandinavien monatelang auf ihn. Er wollte mal kurz nach Russland – seitdem ist jeglicher Kontakt abgebrochen.
Nach 16 Jahren wilder Ehe in Murnau ist er einfach kommentarlos verschwunden, und sie wird lange brauchen, um darüber hinwegzukommen: »Bei mir ist es, als wenn Sand gestreut worden wäre – Asche – und eine dicke Schicht auf meinem Leben und meinen Gefühlen läge …«
Viel später wird Gabriele den Grund für Kandinskys Schweigen erfahren: Bereits eine Woche vor ihrem 40. Geburtstag, am 11. Februar 1917, hatte Kandinsky in Russland seine zweite Frau Nina Andreewsky, eine junge Generalstochter, geheiratet.

Unter der Trennung von ihrem Ehemann John Lennon (33) leidet die 40-jährige Happening-Künstlerin **Yoko Ono** 1973 weniger. »Sie hat mich schlicht und einfach rausgeschmissen«, gesteht John Lennon später. Erst nach fast zwei Jahren wird er wieder bei ihr einziehen dürfen.
Im August 1971 hatte die 38-jährige Yoko mit John England ver-

lassen, um endgültig in New York zu leben. Früher, mit Ende zwanzig, war sie hier nur eine exzentrische Japanerin gewesen, die mit schräger Aktionskunst durch die New Yorker Happening-Szene tingelte.

Jetzt ist sie zurück, als Ehefrau von John Lennon und weltbekannte Künstlerin. Während der letzten zwei Jahre bestimmten Friedenskampagnen, Drogen und der Kampf mit ihrem Ex-Ehemann Tony Cox um das Sorgerecht für ihre Tochter Kyoko ihr Leben. Doch jetzt, mit 40, geht es Yoko Ono blendend: In New York fühlt sie sich wohl wie ein Fisch im Wasser, selbstbewusst konzentriert sie sich auf ihre Karriere. Sie bekommt ihr Leben in den Griff und sogar ihren Drogenkonsum.

Ihr Gatte hingegen hat damit noch Schwierigkeiten. Er sitzt im Amerika der Nixon-Ära, in einem Land, das ihn nicht haben will, das ihn überwacht, abhört und bespitzelt; ein Land, das ihm immer wieder Ausweisungsbescheide, aber keine Aufenthaltsgenehmigung erteilt.

Ihm fehlt England; er telefoniert wöchentlich mit seiner Tante Mimi, richtet die neue Wohnung im Dakota-Haus wie sein damaliges Zuhause in England ein und schafft sich sogar eine Katze an. Doch in der Beziehung zu Yoko kriselt es immer mehr. Im Oktober 1973 wird es Yoko zu viel.

»Eigentlich kam unsere vorübergehende Trennung nicht überraschend«, meint Yoko rückblickend, und: »Am Ende stellte sich heraus, dass es das Beste war, was uns passieren konnte.« Yoko schickt John an die Westküste – auf unbestimmte Zeit, zur Selbstbesinnung.

Ihre chinesische Assistentin May Pang (22), hübsch und absolut clean, soll ihren labilen Ehemann begleiten, vor allem als Berichterstatterin. So will Yoko auch 3000 Meilen entfernt alles unter

Aufsicht haben. Fast täglich erfährt Yoko Ono telefonisch von May Pang, wie ihr Gatte trunken durch L.A. tobt und einen Skandal nach dem anderen anzettelt. Insgesamt 18 Monate wird Lennons Abstinenz von Yoko Ono dauern, eine Zeit, die er später sein »verlorenes Wochenende« nennen wird. In New York managt die taffe Geschäftsfrau Ono unterdessen die gemeinsame Firma »Lenono«, alles läuft unter ihrer Aufsicht.

Erst als John Lennon sich zu betragen weiß, darf er wieder heim zu »Mutter«, wie John seine Yoko öfters genannt haben soll (gemäß dem Beatles-Insider Geoff Emmerick).

Die 40-jährige Schriftstellerin **Lou Andreas-Salomé** ist 1901 von dem verliebten Dichter Rainer Maria Rilke (25) nur noch genervt. »Alleinsein, so wie es bis vor vier Jahren war. Das wird, muss wiederkommen«, notiert die 40-Jährige in ihr Tagebuch.

Vor vier Jahren hat sich dieser schmächtige Junge unsterblich in sie verliebt. Und das war auch gut so, denn schließlich hatte die damals 36-Jährige mit ihm zum ersten Mal Sex.

Doch jetzt ist Rilke hysterisch abhängig geworden, mit Weinkrämpfen, »Angstverfassungen und körperlichen Anfällen«. Sie will ihn nur noch loswerden. »Damit R. fortginge, ganz fort, wäre ich einer Brutalität fähig«, schreibt sie.

So weit kommt es denn doch nicht. 14 Tage nach ihrem 40. Geburtstag schafft sie sich Rilke endgültig vom Hals – mit einem schlichten Abschiedsbrief.

Single-Leben

»Ich möchte nicht mehr singen.
Ich möchte leben wie eine ganz normale Frau,
mit Kindern, einem Haus, einem Hund.«
Maria Callas, Sängerin

Maria Callas feiert ihren 40. Geburtstag 1963, wie schon erwähnt, mit ihrem Traummann: Aristoteles Onassis (58). »Nichts geht über meine Gefühle für diesen Mann«, schwärmt sie.

Vor fünf Jahren hatte Onassis die weltberühmte Operndiva gemeinsam mit ihrem Ehemann und Manager Giovanni Battista Menghini (68) an Bord seiner Yacht »Christina« gebeten. Am Ende des Törns waren die beiden Griechen, Maria und Aristoteles, ein Liebespaar. Ab jetzt wollte die »Primadonna assoluta« nur noch eins: Frau und Mutter sein. »Ich habe keine Lust mehr zu singen … Ich möchte ein Kind«, erklärte sie ein halbes Jahr später in einem Interview. Da war sie bereits im siebten Monat schwanger. Doch das Baby starb zwei Stunden nach der Geburt und wurde heimlich beerdigt.

So fing die dramatische Beziehung des griechischen Jetset-Paares vier Jahre zuvor an, Onassis ist inzwischen geschieden, die Callas aber immer noch verheiratet, da sie sich nach italienischem Recht nicht scheiden lassen kann.

Dabei ist es ihr sehnlichster Traum, endlich Frau Onassis zu werden. Sein Geld interessiert sie dabei nicht. Sie liebt und umsorgt ihn, nennt ihn »ihren Pascha«. Sie ist und fühlt sich – wie auch er – durch und durch griechisch, die beiden lieben das Meer, stechen so oft wie möglich in See, um auf dem Schiff leben zu können, ganz allein (das heißt nur mit einer Besatzung von 60 Leuten).

»Zum ersten Mal in meinem Leben fühle ich mich ausgefüllt. Bis jetzt habe ich immer nur für meine Karriere gelebt. Ich habe ohne Pause gearbeitet und wusste sonst nichts vom Leben.«

Ihre Stimmübungen vernachlässigt sie. »Ich versuche, Erfüllung in meinem Leben als Frau zu finden«, entschuldigt sie ihre immer unberechenbarer werdende Stimme.

Am liebsten würde sie mit dem Singen ganz aufhören, doch Onassis ist dagegen. Er hat zwar keine Ahnung von der Oper, aber er will die Callas an seiner Seite – nicht die Maria.

Geld hat er genug, er braucht internationale Anerkennung – eine Frau mit internationalem Prestige, wie sein Freund Fürst Rainier von Monaco mit seiner Frau Gracia, dem früheren Hollywood-Star Grace Kelly.

Bis ins Weiße Haus hat er es ja schon geschafft. Maria weiß, dass er vor einem halben Jahr mit Lee Radziwill (29), der Schwester von Jacky Kennedy (35), eine kleine Affäre hatte; und sie weiß auch, dass sich die First Lady selbst vor ein paar Monaten an Bord der »Christina« erholt hat. Allerdings sieht die Callas eher in der zehn Jahre jüngeren Lee ihre Rivalin und fängt an zu kämpfen:

Obwohl ihre stimmlichen Fähigkeiten den Zenit schon überschritten haben, will die Callas ihrem »Aristo« noch mal zeigen, wer hier die »Primadonna assoluta« ist – zumindest auf der Opernbühne. Mit Regisseur Zeffirelli probt sie wie besessen – und mit Erfolg:

Sechs Wochen nach ihrem 40. Geburtstag, im Januar 1964, feiert sie mit der »Tosca« nicht nur ein triumphales Comeback; diese Inszenierung am Londoner Royal Opera House im Covent Garden bleibt bis heute legendär und zeigt die »Callas assoluta«.

Maria Callas mit 40: will lieber Frau als Diva sein

Auch die Zeffirelli-Inszenierung der »Norma« in Paris einige Wochen später ist ein Erfolg, doch ihre Stimme wird unzuverlässiger. Maria hat sie – wie auch ihr Leben – immer weniger unter Kontrolle.

Den Rest des Jahres 1964 genießt die 40-Jährige noch zusammen mit ihrem »Aristo«: den Sommer auf der »Christina« vor der Onassis-Insel Skorpios, den Winter in New York. Dort erkundigen sich die beiden nach Jacky Kennedys Befinden. Die ehemalige First Lady hat wenig Geld, hohe Schulden und horrende Ansprüche. Sie gibt einen Brunch in ihrer 15-Zimmer-Wohnung an der 5th-Avenue. Auch der griechische Millionär ist herzlich eingeladen – aber bitte ohne die Callas.

Onassis geht hin, denn was ist schon eine Diva mit schwindender Stimme gegen eine glamouröse Präsidentenwitwe.

Katharina Witt: 40, ledig, erfolgreich. »Es gibt bei mir keinen Grund, ängstlich zu sein. Stärke und Unabhängigkeit sind doch was Positives …«

Katharina Witt ist mit 40, 2005, eine der weltweit populärsten und erfolgreichsten Sportlerinnen in der Geschichte der Olympischen Spiele: zweimal Olympiasiegerin, viermal Weltmeisterin und dreimal Europameisterin.

Das frühere »schönste Gesicht des Sozialismus« wurde inzwischen auch in Amerika schon zweimal unter die »50 schönsten Menschen der Welt« gewählt. Zudem ist sie erfolgreiche Geschäftsfrau, auch in den USA.

Eine Reihe gescheiterter Beziehungen und der Verzicht auf eine eigene Familie sind die Kehrseite der Medaille, das Dilemma einer erfolgreichen Frau: Sie könne ja nicht »eben schnell schwanger werden und danach weitermachen«, erzählt Kathi der Zeitschrift »Bunte«, »weil ich immer von Projekt zu Projekt, von Show zu Show hüpfe«.

Darum habe sie auch nie an sich selbst gezweifelt, »wenn eine Liebe nicht funktioniert hatte«.

Sie sei zufrieden und wohnt mit ihren Eltern in einem Haus in Berlin. Sich Gedanken über einen neuen Mann fürs Leben zu machen, dafür habe sie »wirklich keine Muße«.

> »Ich lebe ein Leben, das ich mir exakt so ausgesucht habe …
> Ich habe Verantwortung nur für mich allein –
> für keinen Mann und kein Kind.«
> Katharina Witt, Eiskunstläuferin

Dafür hat sie sich offenbar umso mehr Gedanken über eine neue Karriere gemacht. Der 40-jährige Eisstar bleibt zwar gewissermaßen auf dem Eis, wagt sich aber sozusagen auf ein noch glatteres Parkett. Erstmals ist sie Koproduzentin und Hauptmoderatorin der Samstagabendshow »Stars auf Eis«.

Ganz anders denkt 1860 die Pianistin **Clara Schumann**: »… es ist doch zu viel für eine Frau allein diese Sorgenlast und so ohne allen männlichen Beistand«, schreibt sie mit 40 in ihr Tagebuch. Witwe, Mutter von sieben Kindern, international gefeierte Pianistin – und einsam.

Mit ihrem geliebten Johannes Brahms (27) besteht nur noch Briefkontakt. »Die Leute sagen mir oft, ich hätte ja meine Kinder! Das ist wahr, … aber nur so lange, bis sie erzogen, ohne mich in der Welt bestehen können, denn alsbald geht jedes seinen Weg, und ich stehe im späteren Alter allein! … Darum nur nicht alt werden!«

> »Für eine Frau ist vierzig zu werden qualvoll – das Ende.«
> Gracia Patricia, Fürstin von Monaca (früher: Grace Kelly)

Nix als Ärger

Konflikte und Streitereien haben die 40- bis 49-Jährigen zu

50,8 % mit dem (Ehe-)Partner

 6,4 % mit der Mutter

 5,8 % mit Arbeitskollegen

 4,6 % mit dem Vorgesetzten

 1,9 % mit der Schwiegermutter

 1,1 % mit dem Nachbarn

TNS Infratest, 2006

Mit 40 rührt der Psychiater und sechsfache Vater **Sigmund Freud** 1896 ein zu heißes Eisen an und bekommt Riesenärger. Vor Kollegen hält er einen provokanten Vortrag: Neurosen würden durch frühe sexuelle Traumata wie Verletzung oder Kränkung verursacht, aufgrund der »guten Erziehung« aber verschwiegen. Freud hat erkannt, dass zahlreiche Patienten als Kinder von Familienangehörigen sexuell missbraucht wurden.

Diese Entdeckung ist ein Tabu – seine Fachkollegen wollen nichts davon hören. Der Vortrag habe »bei den Eseln eine eisige Aufnahme« gefunden, schreibt er einem Freund wenig später. »Sie können mich alle gern haben, euphemistisch ausgedrückt.« Ab jetzt wird der Revolutionär Freud geschnitten. »Isoliert bin ich … Es sind irgendwelche Parolen ausgegeben worden, mich zu verlassen, denn es fällt alles um mich herum von mir ab. Bis jetzt trage ich es mit Gleichmut …«

Später werden Druck und Isolation wohl doch zu groß. Jedenfalls schwört Freud nach neun Jahren (1905) seiner Überzeugung öf-

**Sigmund Freud mit 40:
wird von Kollegen
geschnitten**

fentlich ab und erklärt die sogenannte Verführungstheorie zu einem Phantasieprodukt seiner Patientinnen.

Der 40-jährige Maler **Paul Gauguin** verzweifelt 1888 in einer
Künstler-WG mit seinem Kollegen Vincent van Gogh.
Fünf Jahre zuvor lebte er mit seiner Frau Mette und seinen fünf
Kindern in einer Luxuswohnung mitten in Paris. Als Börsenmak-
ler spekulierte er äußerst erfolgreich, bis zum Börsenkrach 1883.
Der 35-Jährige war mit einem Mal arbeitslos. Doch er hatte
schon eine Lösung parat: Mit Malerei, ohnehin sein Steckenpferd,
würde er genauso schnell und viel Erfolg haben wie an der Börse.
Seine Frau und Kinder schickte er aus Kostengründen zu den
Schwiegereltern nach Dänemark.
Er ist überzeugt, »dass die Kunst mein Geschäft ist, mein Kapital,
die Zukunft meiner Kinder …«, schreibt er an Mette und schickt

Geld, wenn er kann. Meist kann er nicht. Mit 40 lebt er für, aber nicht von seiner Malerei und ist zum Tagelöhner ohne festen Wohnsitz geworden.

Währenddessen lebt der Maler Vincent van Gogh (35) völlig vereinsamt und vom Geld seines Bruders Theo in seinem »gelben Haus« im südfranzösischen Arles und träumt davon, eine Künstlerkolonie aufzubauen. Er lädt Gauguin ein, mit ihm zu arbeiten, zu trinken und zu »leben wie Mönche, die alle 14 Tage einmal ein Freudenhaus aufsuchen«. Im Oktober 1888 nimmt Gauguin die Einladung an; er ist ohnehin pleite, und Theo zahlt. Vincent freut sich riesig, denn er verehrt Gauguin als »größten Künstler des Jahrhunderts«.

Gauguins Begeisterung über die WG hält sich eher in Grenzen: »Gleich anfangs fand ich überall und in allem eine Unordnung, die mich entsetzte …«, und: »… schon im ersten Monat bemerkte ich, wie in unsere gemeinsamen Finanzen dieselbe Unordnung einriss …« Außerdem ist die Provence nicht gerade sein Traumland, alles scheint ihm hier »klein und dürftig« – er träumt von den Farben der Tropen, von Martinique. Der Ex-Börsianer ist sich sicher, »dass die Zukunft der Malerei in den Tropen liegt, die bisher auf diesem Gebiet überhaupt nicht erschlossen sind, zumal die verblendeten Käufer immer wieder etwas Neues brauchen«.

Die beiden Künstler »arbeiten fieberhaft«, »wie eine Malmaschine«, und genehmigen sich zwischendurch «nächtliche und gesundheitsfördernde Ausflüge«. Bald aber ist Gauguin von van Goghs extremen Launen und seiner Reizbarkeit genervt. Van Gogh wiederum geht Gauguins gebieterische Art auf den Keks. Er beugt sich zwar widerwillig, denn er hat Angst, Gauguin zu verlieren und allein in der Einsamkeit von Arles wahnsinnig zu werden, doch innerlich brodelt es in ihm.

Nach zwei Monaten Absinth und Streiterei kann van Gogh eines Tages in einem Café seinen selbstsicheren Kollegen nicht mehr ertragen. »Er trank einen leichten Absinth. Plötzlich warf er mir Glas und Inhalt an den Kopf. Ich wich dem Wurfe aus ...«, erinnert sich Gauguin. Beim nächsten Mal, so fürchtet er, »könnte ich die Herrschaft über mich verlieren und ihm an die Kehle gehen«. Daher will Gauguin lieber abreisen, gleich am nächsten Tag. Bei seinem letzten Abendspaziergang durch Arles am 23. Dezember 1888 hört er einen »hastigen Schritt« hinter sich: »Ich wandte mich just in dem Augenblick um, als Vincent sich mit einem offenen Rasiermesser in der Hand auf mich stürzte. Die Macht meines Blickes muss in diesem Augenblick sehr stark gewesen sein, denn er hielt inne, und gesenkten Hauptes lief er in die Richtung nach Hause fort.« So jedenfalls erinnert sich Gauguin an diesen Vorfall. Der Rest ist Geschichte, wenn auch in Gauguins Version: Demnach schneidet sich van Gogh ein Stück von seinem Ohr ab und gibt es im Bordell ab. Später wird er von der Polizei zu Hause leblos und blutüberströmt im Bett liegend vorgefunden und ins Krankenhaus gebracht.

Gauguin verlässt, wieder mit Theo van Goghs finanzieller Hilfe, noch am Weihnachtstag Arles und mietet sich ein Atelier in Paris – und lebt lieber wieder ganz für sich allein.

Wenige Wochen vor seinem 40. Geburtstag platzt dem Mickymaus-Erfinder **Walt Disney** der Kragen: «Ich habe die Nase gründlich voll und würde liebend gerne Schluss machen und mich in einem anderen Geschäftsbereich etablieren ... Ich leide unter der D.E.-Krankheit, deren Symptome Desillusionierung und Entmutigung heißen«, schreibt er 1941 in einem offenen Brief in zahlreichen US-Zeitungen.

Dabei ist Disney in den letzten fünf Jahren überaus erfolgreich gewesen, vor allem mit den abendfüllenden Zeichentrickfilmen »Schneewittchen« und »Pinocchio«. Zusammen mit der Disney Company, seiner »Familie« (1200 Angestellte, darunter rund 900 »Künstler«), hat »Onkel Walt« Millionen von Kindern und Erwachsenen mit seinen Filmen bezaubert.

Doch ein paar Monate vor seinem 40. Geburtstag findet diese goldene Periode der Disney-Film-Produktionen ein jähes Ende: Seine Trickzeichner streiken. Der Grund: lange Arbeitszeiten, schlechte Bezahlung und – der autoritäre Führungsstil. »Onkel Walt« führt ein eisernes Regiment. Wer Kritik übt, wird gefeuert, Namen werden nachträglich aus dem Abspann gelöscht.

Disney sieht sich als »Vater von undankbaren Jungs«, für die »Familie« ist er ein »egozentrischer Patriarch«. Sie wollen eine Cartoonisten-Gilde bilden.

Der Streik bringt die Produktion in seinem Studio fast zum Erliegen. Disney wird wütend, wittert eine kommunistische Verschwörung und ist kurz vor einem Nervenzusammenbruch. Sein Bruder Roy (48) rettet die Situation. Er schickt Walt auf eine Südamerika-Tour und einigt sich mit der Belegschaft: Das Studio erkennt die Cartoonisten-Gilde als Verhandlungspartner an.

Als Walt in Südamerika von dem Abschluss erfährt, ist er so wütend, dass er den oben erwähnten offenen Brief durch die amerikanische Presse jagt. Er wolle lieber als Spielzeugvertreter durchs Land reisen, als der Cartoonisten-Gilde Zugang zu seinem Studio zu gewähren.

Er ist in einer großen Krise. Seine »Familie« ist gegen ihn, sein letzter Film »Fantasia« war bisher ein Flop, und sein Vater ist gerade mit 83 gestorben. Sein Mitarbeiterstab ist inzwischen so dezimiert, dass er in der Tat nie mehr an die Werke seiner goldenen Zeit anknüpfen kann. Die Rettung vor dem Bankrott ist der Film »Dumbo«, der noch vor dem Streik fertiggestellt worden war. Anfang Dezember, kurz vor Disneys 40. Geburtstag, feiert »Dumbo« Premiere.

Kurz danach treten die USA offiziell in den Zweiten Weltkrieg ein, und die Militärs beschlagnahmen die Filmstudios. Disney macht fünf Wochen Pause und widmet sich seiner richtigen Familie. Dann aber wirkt er, wie alle Studios und Stars Hollywoods, in der Kriegs-Propagendamaschinerie mit.

Für Disney übrigens nichts Neues: »Uncle Walt« und »Uncle Sam« waren schon immer füreinander da. Seit gut einem Jahr arbeitet der 40-jährige Walt Disney sowieso schon für die US-Regierung. Genauer gesagt für FBI-Chef J. Edgar Hoover – als »Special Agent in Charge«.

Vor kurzem noch als beschwingter Junggeselle aus Italien zurückgekehrt, wird 1789 auch der große **Johann Wolfgang von Goethe** mit 40 auf den Boden der Tatsachen zurückgeholt.

Kurz nach seinem 37. Geburtstag 1786 stieg Goethe aus, er wollte nur noch weg – weg von seinen öden Ämtern und weg aus Weimar. Heimlich stahl er sich davon.

Nach fast zwei Jahren Italien ist er »als neuer Mensch« aus Rom nach Weimar zurückgekehrt: »Aus Italien dem formreichen, war ich in das gestaltlose Deutschland zurückgewiesen, … die Freunde, statt mich zu trösten, … brachten mich zur Verzweiflung.« Er trifft auf eisige Ablehnung, findet aber ein bisschen Italien in der unkomplizierten Blumenbinderin Christiane Vulpius (23), einem lebenslustigen, wenn auch ein wenig schlichten Naturkind. Sofort wird sie schwanger. Heiraten will der 40-jährige Single Goethe deswegen aber noch lange nicht und lebt mit ihr weiter zusammen in einer »Gewissensehe«, wie er es nennt.

Ganz Weimar klatscht darüber: der große Dichter und seine ordi-
näre schwangere Konkubine. Hof und Adel Weimars dulden so
etwas nicht in ihrer Mitte: Er muss raus aus seiner repräsentativen
Wohnung. Sein Dienstherr, der Weimarer Herzog Carl August,
weist ihm ein neues Domizil außerhalb der Stadt zu, in dem er
mit Christiane und ihrer Verwandtschaft leben soll.

Nicht nur Goethes Singleleben ist mit 40 also endgültig vorbei –
er wird auch zum ersten Mal Vater. Im neuen Heim, am ersten
Weihnachtstag 1789, erblickt sein Söhnchen **August von Goethe** das Licht der Welt.

Noch abhängig

Mit 40 noch nicht abgenabelt? **August von Goethe** ist ein Paradebeispiel dafür: Als einziger von fünf Sprösslingen aus der Beziehung des Dichters mit Christiane überlebt er das Kindesalter. Der kleine »Aust« wird sein Leben lang versuchen, es seinem Übervater recht zu machen, und kann doch nur kläglich scheitern. Er ist und bleibt sein Diener, ständig wird er am alten Goethe gemessen und kann sich nie entfalten. Selbst als er eine eigene Familie gründet, bewundert und verehrt seine Frau nicht ihn, sondern ihren Schwiegervater. Sogar seine Kinder heißen in Weimar nur die »Goethe-Enkel«.

Seit seiner Kindheit an Alkohol gewöhnt, trinkt er immer mehr, seine Frau will schließlich die Scheidung. Er leidet unter Depressionen und wird unförmig dick. »Ich will nicht mehr am Gängelbande wie sonst geleitet sein, und lieber an des Abgrunds Rande von jeder Fessel mich befrein«, dichtet August mit 40 und setzt zum Befreiungsakt, zur großen Reise an. Wohin? Nach Italien – wie sein Vater. Am 22. April 1830 geht es los. Der »treue Sohn« schreibt ein Reisetagebuch, das er den Briefen »an den lieben Vater« beifügt. Wie sein Vater vor über 40 Jahren bereist auch er Venedig, Neapel, Pompeji und kommt am 15. Oktober in Rom an. Hier fühlt er sich wohl (wie einst sein Vater) und schreibt: »Es ist das erste Mal, im 40. Jahre, dass ich zum Gefühle der Selbständigkeit gekommen und unter fremden Menschen.« Zehn Tage später ist er tot. Auf Augusts Grabstein lässt der berühmte Vater bezeichnenderweise schreiben: »Goethe, der Sohn, dem Vater vorangehend, starb mit 40 Jahren, 1830.«

Mit 40 ist **Erika Mann** 1946 ins Nest zurückgekehrt. Sie hatte mit aller Energie versucht, aus dem Schatten des Übervaters zu fliehen. Sie war Schauspielerin, Kabarettistin, Journalistin, Schriftstellerin und Kriegsberichterstatterin – doch ab 40 ist sie nur noch Thomas Manns Tochter. 1946, in der »Stunde null«, ist sie heimatlos und ein seelisches Wrack. Jahrelanger Alkohol- und Drogenkonsum haben sie geschwächt, mit 40 verbringt sie viel Zeit in verschiedenen Sanatorien und Kurkliniken.

Ansonsten lebt sie wieder zu Hause bei den Eltern und macht sich als »Sekretärin, Biographin, Nachlasshüterin, Tochter-Adjutantin« nützlich, wie ihr Vater, der große Thomas Mann, es nennt.

92 000 (6,6 %) erwerbslose 40- bis 41-Jährige erhalten Unterhalt durch Angehörige.

Statistisches Bundesamt, 2007 – Deutschland im Jahr 2007

Auch Erikas Bruder, der Schriftsteller **Klaus Mann,** fühlt sich mit 40, 1947, entwurzelt, unsicher und nimmt Drogen.

Ein Leben lang leidet er unter seinem weltberühmten Vater. Auf Papas Geldbeutel ist er immer angewiesen, von seinen Veröffentlichungen kann er nicht leben und baut nie eine eigene Existenz auf. Im Krieg war er amerikanischer Kriegskorrespondent, jetzt ist er entlassen – der Zweite Weltkrieg ist schon fast zwei Jahre vorbei. Er fühle sich »wie ein Fremder« in seinem Vaterland – auch sprachlich: »Ich stocke in zwei Zungen«, schreibt der 40-jährige Schriftsteller an einen Freund.

»Warum kann ich nicht mehr schreiben? Was ist los mit mir?«, wird er mit 41 in sein Tagebuch notieren.

Zum Glück ist der Vater des Malers **Paul Cézanne** Bankier. Er unterstützt seinen Sohn ein Leben lang mit monatlichen Wechseln. 1879, als Cézanne 40 Jahre alt ist und immer noch keinen Erfolg vorzuweisen hat, halbiert der Vater die finanzielle Unterstützung. Doch Cézannes Durststrecke dauert nicht lange. Als der Vater stirbt, ist Cézanne 46 und wird ab dann von dem beträchtlichen Erbe des Vaters weiter leben und pinseln können.

»Edler, vortrefflicher Geist! Dem ich alles danke, was ich bin und was ich leiste«, huldigt der 40-jährige **Arthur Schopenhauer** seinem Vater, den er schon mit 17 verlor. Lebenslang zehrt der Philosoph vom väterlichen Erbe, und lebenslang ist auch er finanziell erfolglos. Selbst sein Hauptwerk, »Die Welt als Wille und Vorstellung«, hat nur wenige hundert Käufer gefunden. Seit neun Jahren liegt es wie ein Stein in den Buchhandlungen und gilt als unverkäuflich.

Mit 40 wohnt der chronische Pessimist bescheiden in einer möblierten kleinen Wohnung in Berlin, mit seinem Pudel Butz. Er ist ein vermögender Junggeselle, doch knauserig wie Onkel Dagobert und ein mürrischer Kauz. Der Privatgelehrte hält zur gleichen Zeit wie Hegel, der damalige Star der Philosophie, Vorlesungen an der Berliner Uni. Hegel ist in Schopenhauers Augen »ein platter, geistloser, ekelhaft-widerlicher, unwissender Scharlatan«. Doch in den Vorlesungen des »Scharlatans« drängen sich die Studenten, während Schopenhauer nebenan vor einer Handvoll Zuhörer predigt. Im Wintersemester darauf kommt gar keine Vorlesung mehr zustande – mangels Interesse.

1911, mit 40, hat sich der Schriftsteller **Marcel Proust** zwischen Krankenbett und Kasino eingerichtet. Als Sohn eines reichen

Arztes war der 40-Jährige noch nie darauf angewiesen, Geld zu verdienen. Von seinen Eltern hat er so viel geerbt, dass er allein von den Zinsen sehr gut leben kann. Doch im Gegensatz zu Schopenhauer ist er verschwenderisch, macht Freunden teure Geschenke, zahlt seinen Dienstboten doppeltes Gehalt, zockt im Kasino und an der Börse. Weil er auf obskure Tipps vertraut, nimmt er zuweilen sogar Kredite auf, um unbedingt bestimmte »todsichere« Papiere kaufen zu können.

1,3 % der 40- bis 49-Jährigen erhalten finanzielle Unterstützung von Personen, die nicht im Haushalt leben.
http://de.statista.org

»Die Welt ist mir schuldig, was ich brauche«, meint Richard Wagner, und wie er leben viele Künstler, so etwa Liszt, Rilke, Miller und Joyce, mit 40 ganz ungeniert von privaten Gönnern. Auch von Marx wüsste die Welt nichts, wenn ihn der Großkapitalist Engels nicht unterstützt hätte.

Mit 40 lebt der Ökonomie-Theoretiker **Karl Marx** schon seit fast einem Jahrzehnt im Exil in London. Im Armenviertel Soho haust er mit seiner Familie in einer möblierten Zwei-Zimmer-Wohnung: seine Frau Jenny (44), drei Töchter – und die Haushälterin Helene Demuth (35), mit der Karl übrigens noch einen Sohn hat: Frederick (7). Um seinen Freund vor Tratsch und Ehekrach zu bewahren, hat der unverheiratete Engels die Vaterschaft für »Freddy« übernommen.
Engels, der von seinem Vater eine Fabrik geerbt hat, unterstützt

seinen Freund Marx auch finanziell, so gut er kann. Denn dieser ist weder willens noch in der Lage, Geld zu verdienen. Lieber lässt er sich aushalten. Zeitlebens ist Karl Marx pleite. »Die Situation ist ekelhaft«, klagt er.

Marx will das Geld abschaffen, und persönlich hat er damit auch durchschlagenden Erfolg. Gerichtsvollzieher und Gläubiger geben sich bei Familie Marx die Klinke in die Hand; alles Versetzbare lagert 1858 im Pfandhaus, während der 40-jährige Marx am »Kapital« schreibt – ein Thema, über das er anscheinend viel weiß, ohne viel davon zu besitzen.

Der Komponist **Richard Wagner** musste 1849 aus Dresden fliehen. Er wurde als Revolutionär steckbrieflich gesucht, und außerdem machten eine Menge Gläubiger langsam Druck.

Er floh in die Schweiz und lebt 1853 als 40-jähriger Emigrant mit seiner Frau Minna in Zürich, und zwar richtig gut – trotz permanenter Geldsorgen: Er hat ein nettes Heim, erholt sich auf Kuren oder bereist Italien und Frankreich, er schreibt und komponiert. Dieses Leben wird durch großzügige Spender ermöglicht. Neben Gegnern findet der 40-jährige Wagner auch in Zürich immer mehr Anhänger und finanzstarke Verehrer wie seinen Mäzen Otto Wesendonck, dessen Villa der Maestro bald genauso beanspruchen wird wie dessen junge Gattin Mathilde (24) – zwecks Inspiration.

Der Meister des Nibelungenrings ist eben auch ein wahrer Meister des Schnorrens …

Nesthocker

Mit 40 leben 1 % der Frauen und 4 % der Männer
noch als lediges Kind im Elternhaus.

Statistisches Bundesamt, Mikrozensus 2007

Mit 40 noch zu Hause? Nicht nur **Katharina Witt** oder **Erika Mann** leben mit 40 bei ihren Eltern.

Schon seit über 20 Jahren lebt auch der 40-jährige Popkünstler **Andy Warhol** mit seiner Mama Julia (59) in seiner New Yorker Wohnung. Die Bindung zur Mutter ist sehr eng. Sie kochen, beten und arbeiten zusammen. Den Alltag seiner Mutter hat er vor zwei Jahren sogar gefilmt: »Mrs. Warhol« heißt der Streifen.

Nicht mit der Mutter, sondern mit seiner zwölf Jahre jüngeren Schwester Klara ist der Dichter **Eduard Mörike** lebenslang verklebt und wohnt auch mit 40 mit ihr zusammen. Selbst Mörikes zukünftige Frau wird in dieser Geschwisterbeziehung nur als Untermieterin geduldet. Die Frau wird irgendwann ausziehen, Klara bleibt. Schließlich wird Mörike sogar in »Klärchens« Armen das Zeitliche segnen.

Mit 40 hat der Philosoph **Jean-Paul Sartre** seine Mutter Anne-Marie (62) wieder für sich allein. Als Kind wuchs er mit seiner Mama bei den Großeltern auf, zusammen in einem Zimmer, sie schliefen in einem Bett. Als der kleine »Poulou« 12 war, kam der

Störenfried Joseph Mancy und heiratete ihm seine Mutter weg. Nun endlich ist der verhasste Stiefvater tot, der 40-jährige »Poulou« macht daraufhin mit Mama erst mal Urlaub auf dem Land, und im September 1946, um seinen 41. Geburtstag herum, wird Sartre auch wieder mit seiner Mama zusammenziehen – für die nächsten 16 Jahre. Mit niemandem sonst wohnt er jemals zusammen; Kinder und Tiere verabscheut er, und selbst von seiner Partnerin und Ersatzmutter, Simone de Beauvoir, lebt er zeitlebens getrennt.

> »Ich bin ein Kind
> Trotz meiner 40 Jahre
> Trotz meiner 30 Liebhaber
> Ein Kind.«
> Carla Bruni, Sängerin und Präsidentengattin

Weder die Frauen noch die Nazis und die Bücherverbrennung können den 40-jährigen Schriftsteller **Erich Kästner** 1939 von seiner Mama trennen. Seine Mutter Ida (68) ist und bleibt die wichtigste Person in seinem Leben. Keine Frau kann auch nur annähernd an »Muttchen«, wie er sie in seinen Briefen nennt, heranreichen. Sie wohnen zwar nicht zusammen, aber er schreibt ihr 30 Jahre lang fast täglich Briefe nach Dresden. Gelegentlich schickt er auch seine schmutzige Wäsche mit sowie detaillierte Berichte von jedem seiner Liebesabenteuer. »Wenn ich 30 Jahre bin, will ich, dass man meinen Namen kennt. Bis 35 will ich anerkannt sein. Bis 40 sogar ein bisschen berühmt«, hatte er ihr mal geschrieben. Mit 34 war er dann bereits so berühmt, dass die Nationalsozialisten seine Werke verbrannten, auf dem Opernplatz in Berlin. Er hat übrigens als einziger der 24 Autoren dabei zugeschaut.

Seitdem ist der 40-jährige Schriftsteller mehrfach inhaftiert und wieder freigelassen worden, und sogar jetzt, zu Beginn des Zweiten Weltkriegs, emigriert er immer noch nicht ins Ausland, sondern bleibt in Berlin und hält sich mit seichten Publikationen über Wasser oder schreibt inkognito.

Warum?

Wegen »Muttchen«.

Midlife-Crisis

Der Psychologe Carl Gustav Jung registrierte schon um 1900 eine gewisse Wesensveränderung im Alter zwischen 35 und 40, und der Analytiker Elliott Jaques fand 1965 schließlich auch einen Namen dafür: »Midlife-Crisis«.

Das Buch »In der Mitte des Lebens« von Gail Sheehy 1974 war mit das erste einer Unzahl von Büchern über dieses Thema. Seitdem ist die »Midlife-Crisis« ein Modewort und eine gern bemühte Ausrede für plötzliche Ideen, zum Beispiel die Frau bzw. den Mann oder den Job zu wechseln, die Familie zu verlassen, einen Ferrari zu kaufen oder auszuwandern.

Tatsache ist, dass rein biologisch mit 40 ungefähr die zweite Hälfte des Lebens beginnt.

Die durchschnittliche weitere Lebenserwartung beträgt

bei 40-jährigen Männern
noch 38,2 Jahre

bei 40-jährigen Frauen
noch 43,1 Jahre

Nach: http://de.statista.com

Eine weitere Tatsache ist auch, dass die meisten Menschen zwischen 40 und 50 in einer Krise stecken, und zwar egal, ob sie arm oder reich, mit oder ohne Kinder, ledig oder verheiratet sind. Laut einer Studie der University of Warwick und des Dartmouth College haben Menschen weltweit die Midlife-Crisis zwischen 40 und 50 Jahren:

> Das Leben ist eine U-Kurve, was das Glücklichsein betrifft. Am Anfang und am Ende des Lebens ist man am glücklichsten, im Alter zwischen 40 und 50 Jahren befindet man sich an einem absoluten Tiefpunkt. Danach scheint man sich zu arrangieren, zu resignieren oder dement zu werden, jedenfalls sind die 70-Jährigen wieder genauso glücklich wie die 20-Jährigen. Befragt wurden in 72 Ländern mehr als zwei Millionen Menschen, davon fast 55000 Menschen in Deutschland: In den USA sind Frauen mit 40, Männer mit 50 in der Midlife-Crisis – in GB scheint der Tiefpunkt erst bei 44 Jahren zu liegen, und die Deutschen haben mit 42,9 Jahren ihre Midlife-Crisis.
>
> Aus »Social Science & Medicine«, 2008, 66(6), 1733–1749, »Is Well-Being U-Shaped over the Life Cycle?«, David Blanchflower

Nicht nur im Alter von 40 ist der Regisseur **Woody Allen** die wandelnde Krise. Er bezeichnet sich selbst als Anhedonisten, als jemanden, der keine Freude erleben kann. Dabei hätte er allen Grund dazu: Der erfolgreiche Regisseur lebt seit sechs Jahren in der 5th

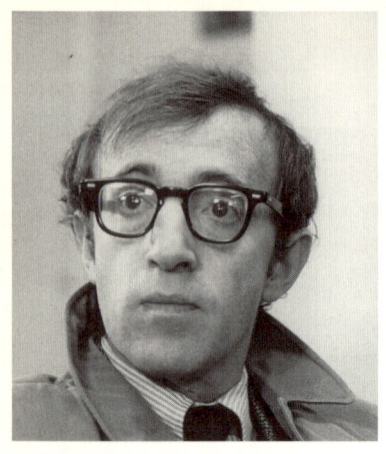

»Ich bin vierzig.
Ich sollte Werte haben.
Worin bestehen sie?
Wie bin ich dazu gekom-
men?
Sind sie irgendwas wert?«
Der 40-jährige Woody
Allen als Alvey in dem Film
»Der Stadtneurotiker«

Avenue, Central Park East, in einem zweistöckigen Penthouse mit riesigen Panoramafenstern und Blick auf den Central Park.

Zweimal geschieden und kinderlos, ist er mit 40 gerade frisch getrennt von Schauspielerin Diane Keaton (30) und verarbeitet seine Midlife-Crisis in dem Film »Der Stadtneurotiker« (Originaltitel »Annie Hall«; Hall ist Diane Keatons wirklicher Nachname, Annie ihr Spitzname). Alvy Singer (gespielt von Woody Allen) hat schon als Kind seine Probleme mit der Welt, er wächst in einer jüdischen Familie in Brooklyn auf, ist inzwischen ein ziemlich erfolgreicher TV-Komiker und Gagschreiber, steckt mit 40 in einer tiefen Midlife-Crisis und hat sich von Annie Hall (Diane Keaton) getrennt. Es wird einer seiner besten und einflussreichsten Filme werden, der Kultfilm der 1970er-Jahre. Doch Woody Allen wird mit 40 nicht nur Kult-, sondern auch noch Comicfigur. Der Comic »Inside Woody Allen« kommt in 180 Zeitungen in 60 Ländern heraus.

Dass Thesen wie »Der reifen Frau gehört die Welt« nicht unbedingt zutreffen, weiß die Schauspielerin **Sharon Stone** vielleicht am besten. »Als ich 40 wurde, hoffte ich, später eine Grande Dame werden zu können, wie Jeanne Moreau oder Catherine Deneuve. Aber alles, was man mir entgegenbrachte, war Abneigung«, erinnert sich Sharon Stone später. »Man behandelte mich wie eine alte Frau.« Gezwungenermaßen nimmt sich Sharon Stone mit 40 eine Auszeit: »Also zog ich mich zurück und hatte eine gute Zeit – privat. Ich kümmerte mich um meinen Sohn und tat Dinge, die ich lange vernachlässigt hatte.«

> »Als ich 40 wurde,
> habe ich es ungeniert allen angekündigt.
> Offenbar hat man missverstanden, ich hätte Lepra.
> Plötzlich arbeitete ich nicht mehr.«
> Sharon Stone, Schauspielerin

Auch **Greta Garbo** stellt sich 1946 mit 40 ein paar grundsätzliche Fragen. Mit 36 hat sich die »Göttliche« plötzlich aus Hollywood zurückgezogen, um danach in völliger Abgeschiedenheit zu leben.

In Interviews betont die Garbo immer wieder: »Ich werde nie heiraten.« Die »schönste Frau der Welt« will allein sein und wird es auch bleiben. Sie bezeichnet sich als »schwierig und neurotisch« und behauptet: »Mit mir kann es keiner aushalten.«

Doch mit 40 beginnt auch sie über ihre einsame Zukunft nachzudenken und spricht mit ihrem damaligen Freund, dem Fotografen Cecil Beaton (41), wiederholt übers Heiraten: »Mein Bett ist so klein und keusch. Ich hasse es. Ich habe im Zusammenhang mit der Ehe noch nie an einen bestimmten Menschen gedacht,

aber in letzter Zeit habe ich mir überlegt, dass wir mit zuneh-
mendem Alter immer einsamer werden. Vielleicht habe ich einen
ziemlichen Fehler gemacht … und sollte mich auf eine dauerhaf-
te Partnerschaft einlassen.«

> »Es war gut, dass ich aufgehört habe,
> als ich noch jung und nicht ausgeplündert aussah.
> In Hollywood altert man schneller als anderswo.«
> Greta Garbo, Schauspielerin

Auf Leben und Tod

Zwei Monate vor seinem 40. Geburtstag, am 3. Juni 1968, ist **Andy Warhol** klinisch tot – für 1,5 Minuten.

Eine gewisse Valerie Solanas (32), Gründerin und einziges Mitglied einer Organisation namens »Society for Cutting Up Men«, S.C.U.M. (Gesellschaft zur Zerstückelung von Männern), hat Warhol in seinem Atelier »Factory« in New York mit drei Revolverschüssen aus einer 32er Beretta niedergestreckt. »Mit ihm zu reden ist so, als unterhalte man sich mit einem Stuhl«, begründet sie später ihre Tat.

Warhol ist lebensgefährlich verletzt: Leber, Milz, Bauchspeicheldrüse und beide Lungenflügel sind durchschlagen. In einer mehrstündigen Operation wird er gerettet. Einen Monat vor seinem 40. Geburtstag darf er das Krankenhaus wieder verlassen – vorerst. Weitere Krankenhausaufenthalte werden noch nötig sein. Zu Hause kümmern sich seine Mutter und sein Freund Jed Johnson liebevoll um ihn.

Der 40-jährige Andy ist mit seinen großformatigen Siebdrucken von Suppendosen, Coca-Cola-Flaschen und Dollarnoten schon längst zur Pop-Ikone geworden. Nach dem Anschlag aber ist Andy Warhol ein anderer Mensch, sein Leben hat sich radikal gewandelt: Lebenslang wird er ein Korsett tragen müssen, seine Lunge ist für immer geschädigt, und für den Rest seines Lebens wird er Angst vor einem wiederholten Anschlag haben.

Auch seine »Factory« ändert sich. In den vergangenen fünf Jahren war sie für jeden frei zugänglich, der bei Warhol-Produktionen mithelfen wollte. So entstanden rund 2000 Warhol-Drucke und die »Ready-Mades« – mit einer 16-mm-Kamera gedrehte Undergroundfilme ohne Handlung, Ton, Regie und nachträglichen Schnitt. Die wortwörtlich dahergelaufenen Laien seiner chaotischen Künstlerkommune mutierten alsbald zu Superstars – oder eben zu Attentätern. Nach dem Anschlag ist Schluss mit dem Open House. Warhol bezieht, nur wenige Blocks entfernt, »Factory No. 2«. Kameras überwachen von nun an die Räumlichkeiten, es gibt kein Kommen und Gehen mehr, einige seiner »Kids« sortiert er aus.

Im Dezember 1968 ruft Valerie Solanas, inzwischen aus der Psychiatrie entlassen, den 40-jährigen Warhol an, wünscht ihm frohe Weihnachten und droht ihm an, ein zweites Mal auf ihn zu schießen, falls er ihre Forderungen nicht erfüllt: Sie will in der Johnny-Carson-Show auftreten, ihr S.C.U.M.-Manifest soll in der »Daily News« erscheinen, und 25 000 Dollar hätte sie auch noch gern. Die Feministin wird erneut verhaftet und zu milden drei Jahren Haft verurteilt, die sie in einem Hospital für kriminelle Geisteskranke absitzen wird.

Später wird Andy Warhol die bei dem Anschlag zerschossenen Arbeiten (»Elvis Lives«, »Shot Marilyn«) vermarkten, das Attentat unter dem Titel »I Shot Andy Warhol« verfilmen und seine Schussverletzungen von dem amerikanischen Starfotografen Richard Avedon verewigen lassen.

Angeschossen wird auch der italienische Herzensbrecher **Giacomo Casanova** – mit 40 bei einem Duell wegen einer Dame.
Casanova (Single, die Kinderzahl eine Dunkelziffer) ist Abenteurer, Unterhaltungskünstler, Lotteriedirektor und Schriftsteller. Zurückblickend sieht er sein Leben als dreiaktiges Drama. Danach ist der erste Akt, die Zeit seiner Jugend, schon seit zwei

Jahren vorbei. Er befindet sich mit 40 im zweiten Akt seines Lebens, dem Jahrzehnt der Reisen nach Paris, Warschau, Genf und Wien – nur Venedig meidet er seit zehn Jahren, seit seiner Flucht aus den Bleikammern.

1766, mit 40, weilt der reiche Müßiggänger gerade in Polen, als er mit einem polnischen Aristokraten aneinandergerät und ihn zum Duell fordert. Es ist Casanovas fünftes und letztes Duell. Diesmal handelt es sich um Graf Franciszek Branicki, mit dessen Geliebter Primaballerina Teresa Casacci der italienische Charmeur angebandelt hatte. Einen Monat vor Casanovas 41. Geburtstag, am Nachmittag des 5.3.1766, stehen sich die Herren in einem Warschauer Vorortwäldchen gegenüber und schießen: Der Graf, im Bauch getroffen, fällt auf den Rasen, Casanova wird nur an der linken Hand getroffen.

Der Graf überlebt den Bauchschuss; die linke Hand des Venezianers bleibt über Jahre unbeweglich. Casanova besucht seinen »edelmütigen« Widersacher am Krankenbett, bei einer Tasse Schokolade schließen sie Freundschaft und führen »heitere und interessante Gespräche«.

Von der Ballerina spricht übrigens keiner der beiden Herren mehr.

Denoch ist dieses Duell für Casanova ein einschneidendes Erlebnis und bedeutet für ihn den Anfang vom Abstieg.

Ebenfalls mit 40 erlebt Bergsteiger **Reinhold Messner** 1985 extreme Situationen: Triumph, Trauer und tibetische Weisheit.

Im Alter von fünf Jahren erklomm er seinen ersten Berg (3000 Meter) und hatte seitdem seine Berufung gefunden.

Gemäß seinem Motto »Ich bin, was ich tue« hat Messner (geschieden, eine Tochter Layla, 4) in den 14 Jahren zuvor 14 erfolgreiche Achttausender-Besteigungen hinter sich gebracht. Mit 40 besteigt er gleich zwei weitere Achttausender: am 24. April 1985 die Annapurna (8091 Meter), seine »schwierigste Achttausenderwand« und eine der größten und dramatischsten Pionierleistungen der Bergsteigergeschichte. Und nur drei Wochen später, am 15. Mai, steht er auf dem Gipfel des Dhaulagiri (8167 Meter) – bei einem starken Gewitter.

Ein Gewitter überrascht auch seinen Bruder, den Bergführer und Leiter des Südtiroler Bergrettungsdienstes Dr. Siegfried Messner (35), gut zwei Monate später am 20. Juli 1985 in den Dolomiten. Die Gruppe, die er führt, schickt er nach unten zurück und steigt allein weiter zum Gipfel. Dabei streift ihn ein Blitz, er kommt zu spät ins Krankenhaus und stirbt. Siegfried ist schon der zweite Bruder, den der 40-jährige Messner durch tragische Umstände bei einem Bergunfall verliert. Sein Bruder Günther starb schon vor 15 Jahren, 1970, im Himalaja.

Nach all diesen Erfahrungen steht Reinhold Messner mit 40 auf dem »Dach der Welt« – vielleicht auch ein Grund, in sich zu gehen. Zwar hat er die offizielle Genehmigung, als erster Mensch der Welt den heiligen Berg Kailash (6700 m) zu erklimmen, der nach alter tibetischer Überzeugung nur von »heiligen Männern« bestiegen werden darf. Doch der Südtiroler verzichtet darauf und umrundet den Berg im Uhrzeigersinn, so wie es jährlich rund 5000 Pilger aus Indien und Tibet tun. Bei dieser Rundwanderung macht der 40-Jährige «die interessanteste Bergsteiger-Erfahrung des Lebens« und nimmt sich vor, sich in Zukunft mehr um spirituelle Höhen als um Höhenmeter zu bemühen.

Von nun an geht's bergab

»Modemacher **Yves Saint Laurent** ist tot.« Als er das 1977 erfährt, staunt der 40-jährige Yves Saint Laurent nicht schlecht. Er soll irgendwo aufgebahrt sein, unter Verschluss.

Seine Todesursache wird vom aufgeregten Modevolk eifrigst kolportiert: Selbstmord natürlich. Doch manche glauben auch erfahren zu haben, dass Yves während eines Handgemenges in Marrakesch erstochen worden sei. Wieder andere wissen, er sei unheilbar krank gewesen. Tatsächlich ist der 40-jährige Trendmacher bei seiner letzten Show aufgeschwemmt, mit wirren Haaren und glasigem Blick über den Laufsteg geschwankt und konnte sich kaum verbeugen. Seine Depressionen, sein Drogenkonsum, die vielen Klinikaufenthalte, dann – nach 20 Jahren – die Trennung des labilen Feingeistes von seinem Freund und Geschäftspartner Pierre Bergé – muss ihm das alles nicht den Rest gegeben haben?

»Wenn ich tot wäre, wüsste ich das als Erster«, kommentiert Yves Saint Laurent leichthin vor der Presse die Gerüchte. Doch in Wirklichkeit schockiert die weltweite Falschmeldung den sensiblen Modekünstler innerlich zutiefst. Ohnehin »mit einem Nervenzusammenbruch geboren« (Bergé), wird er ab jetzt vollkommen instabil.

»Vor dem Todesgerücht war Yves überempfindlich und maßlos gewesen«, sagte ein Freund. »Danach jedoch hatte er Alkohol und Drogen überhaupt nicht mehr unter Kontrolle. Er schien geradezu versessen darauf, sich selbst zu zerstören.« Der 40-jährige Yves Saint Laurent hat die Modebranche satt. Seit über 20 Jahren wird er als Wunderknabe gehandelt und ist der Couturier mit dem

größten Einfluss auf die Modewelt. Mit 40 ist er am Gipfel ange-
langt. Wie soll er sich selbst noch übertrumpfen?

Vor einer Modenschau arbeitet er rund um die Uhr bis zur to-
talen Erschöpfung, gepusht durch Kokain, Alkohol und Beruhigungsmittel.

Zwei Tage vor seinem 40. Geburtstag, am 28. Juli 1976, präsentiert Yves eine der wohl spektakulärsten Modeschauen überhaupt,
die »Ballets Russes Opera«, die die Mode revolutionieren wird: Er
zeigt folkloristische bauschige Röcke, obwohl nahezu die Hälfte
der Branche eng und schlicht bevorzugt, doch sein Trend setzt
sich weltweit durch. Nach der Show muss der Trendsetter jedoch
sofort zurück ins Hospital.

»Vor jeder Kollektion quält mich unbeschreibliche Pein und
Leere und die Angst zu versagen«, bekennt er. Er leide unter
»schrecklichen Ängsten« und »schrecklicher Einsamkeit«.

> **»Ich bin jetzt 54 Filme alt.«**
> Romy Schneider, Schauspielerin, mit 40.

Pillen, Todesfälle und Steuerschulden bestimmen 1979 das Leben
der 40-jährigen Schauspielerin **Romy Schneider**. Vergleicht
man das Leben mit einer Achterbahnfahrt, dann nähert sich
Romy mit 40 auf den höchsten Gleisen gerade dem Abgrund
und beginnt die steilste und letzte Talfahrt ihres Lebens.

Seit vier Jahren ist Romy mit Daniel Biasini (30) verheiratet und
hat mit ihm eine knapp zweijährige Tochter, Sarah. Dazu kommt
Sohn David (12) aus ihrer ersten Ehe mit dem Schauspieler Harry Meyen; David lebt ebenfalls bei ihr an der französischen Riviera. Letztes Jahr erst hatte sie sich einen Traum erfüllt und dort ein
altes Bauernhaus gekauft und ausbauen lassen.

**Romy Schneider in ihrem 40. Lebensjahr
mit ihrem zweiten Ehemann Daniel Biasini**

»Ich bin nie so glücklich gewesen wie jetzt … Offenbar konnte
mich niemand so lieben wie Daniel«, schreibt die 40-jährige
Romy noch im Februar 1979 in ihr Tagebuch.

Auch als Schauspielerin ist sie glücklich, freut sich über den französischen Filmpreis César, den sie für den Film »Eine einfache
Geschichte« erhält.

Da kommt beim Urlaub in Acapulco die Nachricht, dass sich in
Hamburg ihr Ex-Mann Harry Meyen (54) an der Feuerleiter
neben seinem Balkon aufgehängt hat. Der Alkoholiker, einst
Theaterheld, später nur noch »Sisis Ex-Mann«, wurde aus der
Entziehungskur zu den Osterfeiertagen in seine Wohnung zu-
rückgeschickt. Dort hatte er dann endgültig Schluss gemacht –
zerbrochen an der Scheidung und an der Sehnsucht nach seinem
Sohn David, den Romy für 1,5 Millionen Mark bei der Scheidung vom Vater »freigekauft« hatte.

»Ich hätte mich mehr um ihn kümmern müssen«, wirft sich Romy vor und fliegt nach Hamburg, um Harry Meyen zu beerdigen. Schnell, allein und ohne Feier – ohne seine Bekannten zu informieren. Die nächsten Drehtermine warten. Schließlich muss Romy Geld verdienen, um die Familie zu ernähren. Biasini verdient gerade so viel dazu, dass es für die Telefonrechnung reicht. Auch mit 40 muss sie daher einen Film nach dem anderen drehen, angefangen bei »Die Liebe einer Frau«, in Romys Augen eine »intellektuelle Scheiße«, bis zu »Der gekaufte Tod«, mit dem sie mehr anfangen kann: »Drei Viertel dieser Filmfigur haben mit mir zu tun«, denn auch Romy fühlt sich wie die Filmfigur der Presse schutzlos ausgeliefert.

Währenddessen kümmert sich ihr Mann Daniel an der französischen Riviera nicht nur um die Kinder, sondern auch um Reisen, Yachten und neue Ferraris. Alles auf ihre Kosten. Frankreichs größter Kinostar Romy lebt immer am Rande der Pleite. Doch damit nicht genug: Die französische Steuerfahndung will 1979 nicht mehr glauben, dass Romys eigentlicher Wohnsitz in der Schweiz liegt und sie daher keine Steuern in Frankreich zahlen muss. Die Steuerbeamten haben Nachforderungen in Millionenhöhe errechnet, rückwirkend versteht sich.

Als Romys Geldschwierigkeiten in der Branche bekannt werden, werden auch noch ihre Gagen heruntergehandelt. Dabei wollte sie mit 40 eigentlich weniger arbeiten, sich um ihre Ehe und ihre Kinder kümmern. Doch trotz 54 Filmen hat sie nichts ansparen können und muss jetzt sogar noch mehr drehen.

Um über die psychischen Krisen hinwegzukommen, die sich jetzt häufen, nimmt die Schauspielerin Medikamente. Der manisch-depressive Teufelskreis wird immer enger, die Achterbahnfahrt zwischen Ichbezogenheit und Selbstlosigkeit, Eigenliebe und Selbsthass wird immer wilder. Nachts, unter dem Einfluss von Tabletten und Alkohol, fasst sie gute Vorsätze, am nächsten Morgen vergisst sie alles und hastet weiter.

Sie weiß nur zu genau, dass ihr größtes Risiko sie selbst ist: »Ich habe vor nichts auf der Welt Angst, nur vor mir.«

Mit 40, 1974, ist der 125 Kilo schwere **Elvis Presley** ein todkranker Junkie und ähnlich wie Romy Schneider in einem finanziellen Hamsterrad gefangen: Es ist ein Leben zwischen Auftritten, Krankenhaus und Sucht.

Der »King« ist einsam, die Leute um ihn herum bedeuten ihm nichts, seine Frau Priscilla (30) ist weg und mit ihr seine siebenjährige Tochter Lisa Marie, samt 5 Millionen Dollar. Seit seiner Scheidung vor drei Jahren zieht sich der King – wenn er mal nicht auf der Bühne ist – immer mehr nach Graceland, seinem Anwesen in Memphis, in einsame Villen oder Hotelsuiten zurück.

Auch er steht permanent unter finanziellem Druck. Statt Rücklagen hat er hohe Kosten. Seine Ausgaben übersteigen 1974 sein Einkommen bei weitem, so dass er ständig auftreten muss. Mit 40 gibt er 58 Konzerte, davon 51 in Las Vegas – und sein letztes großes Konzert zum Neujahrswechsel 1976 vor 60 000 Fans im Sportstadion von Pontiac, Michigan.

Den Konzertstress bewältigt er nur noch mit Drogen, Medikamenten und Süßigkeiten. Längst ist er abhängig, konsumiert Aufputsch- und Beruhigungsmittel in raschem Wechsel und in solchen Mengen, dass er sie sich von verschiedenen Ärzten gleichzeitig verschreiben lassen muss. Maßlos ist er auch beim Essen, er wiegt zu viel und leidet immer öfter unter Atemnot – die Medien höhnen, Elvis sei »fett und 40«. Dabei will er immer perfekt sein, und Fehler, die andere machen, schreibt er sich selbst zu.

»Nach 1975 konnte er sich nicht einmal mehr aufraffen, ins Studio zu gehen«, schreibt später sein Biograph Peter Guralnick. »Er hatte nur noch Angst zu versagen. Entsetzlich traurig.«

1966 hat die 40-jährige Dichterin **Ingeborg Bachmann** auch schon etliche Krankenhaus- und Sanatoriumsaufenthalte hinter sich, trotzdem wird sie von Schlaftabletten und Psychopharmaka immer abhängiger. Die Medikamente muss sie sich inzwischen von Bekannten besorgen lassen, denn sie selbst bekommt in den Apotheken Roms keine mehr ausgehändigt. Gut ein halbes Jahr vor ihrem 40. Geburtstag ist sie wieder nach Rom zurückgekehrt, »weil man von einem Ort nicht loskommt, in den man so viel investiert hat«.

In dieser Stadt hatte sie mit dem Schriftsteller Max Frisch (47) zusammengelebt. Mit 32 hatte sie ihn als noch unbekannte Lyrikerin kennengelernt. Er trennte sich daraufhin von Frau und Kindern und machte ihr einen Heiratsantrag, den die feministische Intellektuelle jedoch ignorierte. Für sie ist Liebe ein Angriff auf ihre Unabhängigkeit; Frisch nannte seine Liebe zu ihr bald »Hörigkeit«. Nach vier Jahren Hin und Her zwischen Zürich und Rom war Schluss: Ende 1962 ließ Max die 36-jährige Ingeborg allein in einer Züricher Klinik zurück und machte erst mal Urlaub – mit einer 23-jährigen Studentin namens Marianne Oellers.

Seitdem kriegt die 40-jährige »gefallene Lyrikerin« (Marcel Reich-Ranicki) nichts mehr auf die Reihe. Sie schreibt an ihrem Projekt »Todesarten«. Das erste und letzte Werk dieses Projekts wird der Roman »Malina« sein, »ein trübes Gewässer« (Marcel Reich-Ranicki).

Max Frisch wird seine Studentin heiraten; und auch Ingeborgs allererste große Liebe, der Dichter Paul Celan (46), von dem sie einmal sagte, sie hätte ihn mehr geliebt als ihr Leben, ist inzwischen verheiratet.

Ingeborgs Freiheitswille hatte die Männer zur Verzweiflung gebracht, und letztendlich konnte sie sich immer ihre Unabhängigkeit bewahren – von den Männern, nicht aber von den Medikamenten.

Die Ausgebrannten

Bei manchen Kreativen folgt auf rastlose Produktion nur noch Lähmung. Diese früh Erloschenen sind abgebrannt wie eine Kerze mit zwei Enden und produzieren mit 40 nichts mehr.

Nachdem er mit 32 den ersten Teil seines Romans »Die toten Seelen« abgeschlossen hatte, dämmert und hungert der russische Schriftsteller **Nikolai Gogol** 1852, mit 40, nur noch in religiösem Wahn vor sich hin, er predigt Zensur und beginnt damit gleich bei sich selbst: Er verbrennt den zweiten Teil seines Romans.

Mit 40 vernichtet auch die Bildhauerin **Camille Claudel** im Wahn ihre eigenen Werke.
Sechs Jahre zuvor war Schluss mit dem 24 Jahre älteren Bildhauer Auguste Rodin, ihrem Geliebten und früheren Lehrer. Seitdem ist auch ihre Kreativität erloschen, ihre Schönheit dahin.
1905 haust die 40-Jährige aufgedunsen und allein in einer düsteren, verwahrlosten Zwei-Zimmer-Wohnung in Paris und fühlt sich bedroht. Einer ihrer letzten Freunde, Henry Asselin, findet »eine finster dreinblickende, völlig aufgelöste« Camille vor, mit »einem mit spitzen Nägeln bestückten Besenstiel als Waffe in der Hand«. Nächtliche Besucher wollten sie umbringen, eine Verschwörung von Rodin, der ihre Ideen klauen wolle, phantasiert sie.
Statt Kunst zu schaffen, beginnt sie den größten Teil ihrer Werke fachmännisch zu zerstören – »mit gezielten Hammerschlägen«.

Mit 40 ist der Lyriker **Friedrich Hölderlin** 1810 seit vier Jahren als »Verrückter« in einem Spital in Tübingen untergebracht. Schon als 30-Jähriger fing er an zu toben; als seine Aussetzer zu heftig wurden, hatte man ihn schließlich eingeliefert. Mit 40 sitzt der Dichter vollends verwahrlost, aber meist friedlich, in der Turmstube des Spitals und starrt dumpf aus dem Fenster auf den Neckar – für die nächsten 32 Jahre bis zu seinem Tod.

Mit 40 arbeitet der amerikanische Maler **Jackson Pollock** 1952 nicht mehr an Bildern, sondern an seiner Selbstzerstörung.

Viele Menschen hatten dem labilen »Mann aus dem Westen« zu seiner Karriere verholfen. Nicht nur finanzstarke Gönner und Förderer sowie seine Frau, die ihn unermüdlich managte. Weil er nicht gut zeichnen konnte, brachte ihn der Maler Max Ernst auf die Idee, die Farbe einfach auf die Leinwand tropfen zu lassen, und das Drip-Painting wurde sein Stil.

Da er seit seiner Jugend schwerer Alkoholiker ist, aber nur nüchtern malen kann, ersetzte ein Arzt vor drei Jahren den Alkohol durch Beruhigungsmittel und ermöglichte ihm so die produktivste Zeit seines Lebens. Sofort wurde der 37-jährige Pollock der Star unter den amerikanischen Malern und zum »Marlon Brando der Malerei« gekürt – zwei Jahre lang.

Jetzt, mit 40, trinkt er wieder – folglich malt er nicht mehr. Trotzdem fährt er Auto, was ihn mit 44 das Leben kosten wird.

Im Exil oder im Gefängnis

2006 wurden 0,2 % der 40- bis 49-Jährigen
wegen einer Straftat verurteilt.

Statistisches Bundesamt, Früheres Bundesgebiet, 2006

Mit 40 gibt der Journalist **Kurt Tucholsky** auf: »Mein Leben ist
mir zu kostbar, mich unter einen Apfelbaum zu stellen und ihn zu
bitten, Birnen zu produzieren. Ich nicht mehr. Ich habe mit diesem Land, dessen Sprache ich so wenig wie möglich spreche,
nichts mehr zu schaffen.«
1930 wird Tucholsky klar: Den heraufziehenden Faschismus kann
er durch Schreiben oder Reden nicht mehr aufhalten, seine War-
nungen bleiben ohne Wirkung, tief enttäuscht zieht er sich zurück. Knapp zwei Wochen nach seinem 40. Geburtstag, am
22.1.1930, verlegt Tucholsky seinen Wohnsitz dauerhaft ins
schwedische Hindås bei Göteborg. »Ein kleiner dicker Berliner,
der mit der Schreibmaschine eine Katastrophe aufhalten wollte«,
so wird Erich Kästner ihn später beschreiben.

An sein Motto »Verzeiht euren Feinden, nichts ärgert sie mehr«
hält sich der 40-jährige Schriftsteller **Oscar Wilde** 1895 selbst
nicht, sondern gerät durch einen Streit in den größten Alptraum
seines Lebens.
Der Familienvater Wilde ist seit gut zwei Jahren mit »Bosie«, einem
jungen Lord namens Alfred Douglas (24), liiert. Der Vater des
verzogenen Lords missbilligt die Beziehung mit Wilde und hinter-
lässt in Wildes Club eine offene Karte, auf der er Wilde, nicht ganz

korrekt geschrieben, einen »Sodomiten« (dies war die damals übliche Bezeichnung für einen Homosexuellen) nennt.

Wilde verklagt den Vater, doch im Gerichtssaal marschieren Call-boys auf, die erklären, mit Wilde Kontakt gehabt zu haben. Der Spieß dreht sich um, der Kläger wird zum Angeklagten: wegen Unzucht. Am 25. Mai 1895 wird der Dandy Wilde schuldig gesprochen und zur Höchststrafe von zwei Jahren Zuchthaus mit schwerer körperlicher Zwangsarbeit verurteilt. »Moralische Menschen, wie man sie nennt, sind einfach wilde Tiere. Ich hätte viel lieber 50 unnatürliche Laster als eine unnatürliche Tugend«, kommentiert Oscar Wilde das Urteil. Binnen kürzester Zeit wird er in der viktorianischen Gesellschaft als Mensch und Künstler verdammt, die Buchhändler nehmen seine Bücher aus den Regalen, sein Verleger distanziert sich von ihm, seine Theaterstücke werden abgesetzt, und sein Haus wird zwangsversteigert. Nach zwei Jahren Gefängnis ist er künstlerisch und seelisch am Ende.

Körperlich und seelisch am Ende ist 1939 auch der Chicagoer Gangsterboss **Al Capone** mit 40, als er nach fast fünf Jahren Gefängnis wieder auf freiem Fuß ist.

Elf Tage vor seinem 40. Geburtstag ist er vorzeitig aus Alcatraz entlassen worden – wegen guter Führung.

Auf eine Freilassung kann die Königin von Schottland, **Maria Stuart,** mit 40 kaum noch hoffen. 1583 sitzt sie schon seit anderthalb Jahrzehnten zwar nicht im Kerker, aber in der dunklen und feuchtkalten Burg ihrer Rivalin Königin Elisabeth I. in Gefangenschaft. Ihre Bittschreiben an Elisabeth werden kaum beantwortet, sie erwartet nur noch der Prozess und die Hinrichtung.

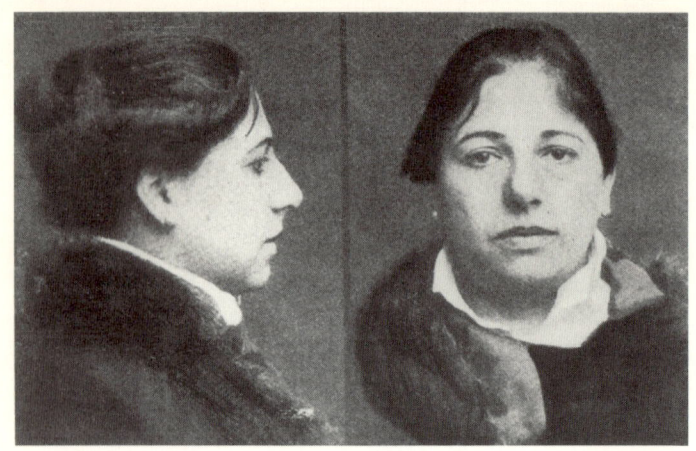

Mata Hari mit 40: als Doppelagentin »H21« im Gefängnis

Auch die 40-jährige Tänzerin **Mata Hari** wartet 1917 im Gefängnis auf ihre Hinrichtung. Vor gut einem Jahr war ihr angeboten worden, für den deutschen Geheimdienst tätig zu werden – als »Agentin H21«. Sie sollte die Pariser Offiziere, von denen sie sich mit Vorliebe ausführen ließ, ein wenig aushorchen und Wissenswertes weiterleiten. Für 20 000 Franc Startkapital tut sie das auch ab und zu, doch nie ist eine brauchbare Information dabei. Dann, mit 40, macht sie den entscheidenden Fehler und willigt ein, auch noch für die Franzosen zu spionieren. Nur ein paar Monate später entlarvt sie der britische Geheimdienst SIS und warnt Frankreich; die Tänzerin wird in Paris verhaftet.

Zehn Tage vor ihrem 41. Geburtstag wird sie wegen Doppelspionage und Hochverrat zum Tode verurteilt und hingerichtet.

Noch am Anfang im Alter von 40

Noch nicht anerkannt

Nach fast 20 Jahren erfolglosem Pinseln glaubt 1879 der Franzose **Paul Cézanne** (Single, ein Sohn: Paul, 7) mit 40 immer noch daran, dass er ein begnadeter Maler ist.

Gleich nach seinem Jurastudium war Paul Cézanne überzeugt davon, dass sein wahres Talent in der Kunst zu suchen wäre. Seitdem malt er – ohne Erfolg. Die Akademien lehnen ihn wiederholt ab, überall erntet der 40-Jährige nur negative Kritiken, keiner hält seine Bilder für Kunst.

Später wird er als Wegbereiter der Moderne gelten.

Mit 40 ist der später berühmte Autor **Henry Miller** (zum zweiten Mal verheiratet, eine Tochter, 13) noch ein mittelloser Herumtreiber.

Seit acht Jahren hält sich Henry Miller nun schon für einen Schriftsteller. Vorweisen kann er allerdings nur ein paar Zeitungsartikel, zwei ungedruckte Manuskripte sowie einige auf eigene Kosten gedruckte Gedichte.

Mittellos lebt der 40-Jährige wie ein Penner in Paris, schnorrt Leute an und nennt sich Lebenskünstler, »Bohemien«. In seiner Heimat New York würde man ihn »Verlierer« nennen.

Dort wuchs er in ärmlichen Verhältnissen auf, arbeitete als Totengräber, Milchmann und Küchenhilfe, bis er Bote und dann Leiter der Botenzentrale einer Telegraphengesellschaft wurde. Er heiratete June Smith, ein »Taxi-Girl«, das für Geld mit betuchten

Herren tanzt. »Gib doch diesen Job auf und fang an zu schreiben«, sagte June. Also kündigte Henry mit 32. Er wollte nur noch schreiben und nie mehr arbeiten. Die Folge: Vollkommen verarmt, landet er mit Mitte 30 wieder bei seinen Eltern und wird vor Besuchern im Schrank versteckt – die Mutter schämt sich seinetwegen

Mit Hilfe von finanzstarken »Opfern« hat June derweil emsig eine Reisekasse von knappen 2000 Dollar angespart und zeigt ihm Paris. »Wenn ich sie nicht kennengelernt hätte, wäre ich wahrscheinlich nie Schriftsteller geworden, hätte nie Amerika verlassen«, wird Henry später gestehen.

Wenige Jahre später ist er ein zweites Mal in Paris, diesmal allein, doch durch Care-Pakete mit June verbunden: »Sie schickte mir Geld, solange sie konnte, aber das dauerte nicht sehr lange. Aus irgendeinem Grund schaffte sie es nicht mehr, und ich stand ohne einen Cent da. Dann kam diese schreckliche Zeit, in der ich jeden Morgen aufstand, um ein freundliches Gesicht zu suchen, jemanden, der mir ein Essen bezahlte, jemanden, der mich bei sich schlafen ließ, weil ich mir kein Hotel mehr leisten konnte.«

Nach vier oder fünf Monaten, er ist inzwischen 40 Jahre alt, lernt er 1932 ein »freundliches Gesicht« kennen: Alfred Perles, der ihn bei sich wohnen lässt und ihm Geld gibt, »… bis er mir einen Job als Korrektor bei der Chicago Tribune besorgte. Die Bezahlung war schlecht«, mault Miller und wird nach drei Monaten gefeuert. Schreiben traut er sich nicht, gern nimmt er schon veröffentlichte Artikel, verändert die Namen und verkauft sie als seine eigenen. Am liebsten treibt er sich mit seinem Freund Alfred in Paris herum. Es gab »immer irgendwelche Studentinnen, junge Amerikanerinnen, die in den Ferien nach Paris kamen. Wir lernten, uns ihnen zu nähern. Sie luden uns zum Essen ein und liehen uns Geld«, freut sich der Autor.

Zu seinem Glück trifft er kurz vor seinem 40. Geburtstag auf die zierliche Schönheit Anaïs Nin (29), Schriftstellerin und Gattin eines Bankangestellten. Sie hat ein Herz für avantgardistische Künstler und ist angetan von dem sozial gestrandeten Proleten. Drei Monate später, im März 1932, stürzen sie sich in eine exzessive Liebesaffäre. Ein Jahr lang treffen sie sich heimlich zu animalischen »Fickfesten«, und Henry beginnt Anaïs an die 900 Briefe zu schreiben, fast drei Briefe täglich, und übt sich dadurch in literarischer Pornographie.

Bald ist auch sein erster Roman fertig, für den Anaïs das Vorwort schreibt und dessen Veröffentlichung sie finanziert: »Wendekreis des Krebses« – ein Sex-Schocker, durch den Henry weltberühmt und zum Propheten der sexuellen Revolution wird.

Der reiche Erbe **Marcel Proust** wartet mit 40 ebenfalls noch auf den Erfolg als Schriftsteller, aber stets in kultivierter Weise.

Mal sieht man Proust als Dandy in den mondänen Pariser Salons, mal wieder wochenlang gar nicht. Dann verschanzt sich der schwer asthmatische Single in seinen ungelüfteten, luftbefeuchteten und schalldichten Korkzimmern und versucht, sich an Vergangenes zu erinnern. Seit fünf Jahren arbeitet Proust nun schon an seinem Romanzyklus »Auf der Suche nach der verlorenen Zeit« (ca. 4200 Seiten). Mit 40 hat er den ersten Band »In Swanns Welt« fertig, doch kein Verleger will ihn haben. »Nach den siebenhundertzwölf Seiten dieses Manuskripts … hat man keine, nicht die geringste Ahnung, worum es geht. (…) Was soll das alles bedeuten? Worauf läuft es hinaus? Unmöglich, irgendetwas zu erkennen! Unmöglich, irgendetwas darüber zu sagen!«, so ein verzweifelter Lektor des Pariser Verlegers Fasquelle über Prousts Wälzer. Zwei Jahre später wird Proust »In Swanns Welt« in etwas abgespeckter Fassung auf eigene Kosten herausbringen.

Auch der Philosoph **Nietzsche** (Single) finanziert 1885 mit 40 die Veröffentlichung seines Werks »Also sprach Zarathustra« selbst – wieder ein Ladenhüter wie alle anderen Bücher von ihm. Der 40-jährige Frühpensionär ist äußerst erstaunt darüber, dass die Welt »das höchste Buch, das es giebt,« ignoriert, und verlegt nur noch ein paar Exemplare – für ausgewählte Bekannte.

Mit 40 bekommt der Aquarellmaler und Archäologe **Howard Carter** 1915 endlich die Konzession für Grabungen im Tal der Könige, wo er erst acht Jahre später das Grab von Tut-ench-Amun entdecken wird.

Mit 40 hat auch **Kolumbus** Amerika noch nicht entdeckt, sondern steckt 1491 immer noch in zähen Vertragsverhandlungen. Die Spanier sind über seine außergewöhnlich hohen Forderungen geschockt: Er beansprucht die Titel »Admiral des Ozeans« und »Vizekönig« über die Gebiete, die er entdecken wird, nicht nur für sich, sondern auch gleich für alle seine Nachkommen. Außerdem ein Zehntel aller Einnahmen, die der Krone aus den neuen Ländern zufließen werden. Das ist zu viel – das spanische Königshaus lehnt ab. Kolumbus ist gerade auf dem Weg zur Konkurrenz, den Franzosen, als er zurückgepfiffen wird. Die spanische Königin Isabella hat es sich anders überlegt. Nach diesem ganzen Hin und Her ist der Vertrag im April 1492 endlich unter Dach und Fach, und es kann losgehen. Der Rest ist Geschichte. Am 3. August 1492 sticht Kolumbus mit drei Schiffen in See ... Richtung Indien.

Auch der deutsche Feingeist **Loriot** ist mit 40 nur Insidern bekannt. Humorvolle Werbegrafiken für die Firma Scharlachberg, Cartoons in der Illustrierten »Quick«, eine Reihe kleiner Ratgeberbüchlein – das war's auch schon.

Erst in drei Jahren, 1967, wird er das erste Mal ein Angebot vom Fernsehen bekommen: die Moderation der Sendung »Cartoon« – der Beginn seiner steilen Fernsehkarriere.

Mit 40 macht auch der Journalist **Horst Stern** (verheiratet) 1962 die ersten Gehversuche in Sachen Fernsehen: Er darf Schulfunksendungen für den SDR machen. Seine eigene kritische Sendung, die berühmte »Sterns Stunde«, mit der er bundesweit Furore machen und bekannt werden wird, startet erst 1970, als er schon 48 ist.

Der amerikanische Regisseur **Robert Altman** (verheiratet) lernt beim Fernsehen 1965 mit 40 sein späteres Filmhandwerk.

Als Fernsehregisseur dreht er »Hunderte von Stunden halbstündiger Fernsehprogramme«, wie er sich später erinnert, »unter anderem mehrere Folgen der Westernserie Bonanza. In dieser Zeit lernte ich, wann man welche Technik einzusetzen hat. Und ich lernte, mit Schauspielern zu arbeiten, sie zu verstehen und zu respektieren …«

Sein Durchbruch als Filmregisseur lässt noch fünf Jahre auf sich warten und wird ihm dann mit dem Kinofilm »Mash« gelingen.

Mit 40 darf der Jurist **Stephen Frears** 1981 als Regieassistent beim Fernsehen mitarbeiten. Bis zu seinem ersten eigenen Film wird es noch vier Jahre dauern: »Mein wunderbarer Waschsalon«.

Spätzünder

Andere haben ihren Weg mit 40 noch nicht mal ansatzweise gefunden.

Seit 16 Jahren sitzt der Zollbeamte und später weltberühmte Maler **Henri Rousseau** 1884 an einer Zollstation am Rande von Paris und erhebt Abgaben von den örtlichen Bauern, die ihre Waren auf die Pariser Märkte bringen wollen. Er malt in seiner freien Zeit.

Seine kleinen Reisegeschichten schreibt 1860 der Apotheker **Theodor Fontane** (verheiratet, sechs Kinder) auch nur so nebenbei, hauptberuflich arbeitet er mit 40 in einer Zeitungsredaktion.

Eine der bedeutendsten deutschen Dichterinnen, **Annette von Droste-Hülshoff**, hat mit 40 noch kein einziges Buch veröffentlicht. Sie lebt immer noch im Kreise ihrer Familie bei der Mutter. Erst mit 41 wird sie ihr erstes Buch mit Epen und Gedichten herausbringen – ein Misserfolg: Es werden nur 73 Exemplare verkauft werden.

Der spätere italienische Ministerpräsident **Silvio Berlusconi** ist mit 40, 1977, Bauunternehmer und wird wegen seiner umfangreichen Bautätigkeit von Staatspräsident Giovanni Leone zum »Cavaliere del Lavoro«, zum Ritter der Arbeit, ernannt. Doch erst 16 Jahre später wird er selbst politisch aktiv werden.

Ein halbes Jahr vor seinem 40. Geburtstag, im Sommer 1921, erkrankt der New Yorker Rechtsanwalt **Franklin D. Roosevelt** an

Kinderlähmung. Prognose: Er wird für den Rest seines Lebens im Rollstuhl sitzen müssen.

Dabei war er schon so nahe dran. Als führender Demokrat des Landes hatte er auf seine nächste Chance gewartet, nachdem er mit 38 beinahe schon Vizepräsident geworden wäre.

Doch im Rollstuhl kann er seine politische Karriere vergessen, denkt er und wendet sich von der Politik ab.

Das scheinbare Aus mit 40 erlebt auch der spätere englische Premierminister **Winston Churchill**. Dabei war er geradezu ein Senkrechtstarter: Mit 25 jüngster Abgeordneter im Parlament, mit 33 Handelsminister, mit 35 Innenminister und jetzt seit vier Jahren Erster Lord der Admiralität. Doch dann verursacht er mit 40 ein Fiasko und setzt seine gesamte Karriere vorerst in den Sand. 1915 wird die Meerenge der Dardanellen von Deutschland und seinen Verbündeten kontrolliert. Churchill befiehlt als Erster Seelord tollkühn eine Invasion über Land und schickt an die 50 000 Briten, aber auch Inder, Neuseeländer, Australier und Franzosen in einer vergeblichen Aktion in den Tod.

Am 18. Mai 1915 tritt er zurück und wird Bataillonskommandeur in Frankreich. »Ich bin erledigt«, soll er Freunden bekannt haben. Seine politische Laufbahn scheint beendet.

Mit 40 gehört der Italiener **Ferruccio Lamborghini** 1956 schon zu den größten Traktorenherstellern Italiens. Seine Traktoren haben zwar mit Sportwagen noch keine Ähnlichkeit, besitzen aber schon Direkteinspritzung und Luftkühlung. Erst Jahre später wird er sich einen Ferrari leisten, sich über die Kupplung ärgern und anfangen, seine eigenen Sportwagen zu bauen.

Der spätere Dramatiker **George Bernard Shaw** schreibt 1896 mit 40 noch Theaterkritiken und nebenbei einen erfolglosen Roman nach dem anderen. Bis zu seinem ersten erfolgreichen Theaterstück wird es noch zwei Jahre dauern.

Der 40-jährige Schauspieler **Ronald Reagan** ist 1951 guter Dinge. Gerade frisch geschieden, lernt er seine spätere Frau Nancy kennen und kann in einer Komödie mitspielen: »Bedtime for Bonzo«. Die Hauptrolle spielt zwar ein Schimpanse, aber der spätere US-Präsident hofft weiterhin auf den ganz großen Durchbruch – als Schauspieler im Filmgeschäft.

Gerade Autoren von Kriminalromanen scheinen erst spät ihre Berufung zu finden:

Die spätere »Queen of Crime«, **P. D. James,** arbeitet 1960 noch Vollzeit im staatlichen Gesundheitsdienst, pflegt daheim ihren unheilbar kranken Mann und zieht ihre beiden Töchter groß. Mit 40 beginnt sie nebenbei an einem Krimi zu schreiben. Ihr erstes Buch »Ein Spiel zuviel« wird in zwei Jahren erscheinen – der Anfang einer großen Karriere als Krimiautorin.

Auch Kollegin **Sarah Woods**, ehemalige Anwaltsgehilfin, nach ihrer Heirat Archivarin, ist 1962 bereits 40, als sie ihren ersten Kriminalroman »Die Verhandlung ist eröffnet« veröffentlicht.

Dem 40-jährigen **Raymond Chandler** geht es 1928 blendend. Vorbei die Zeiten, da er sich als Gelegenheitsjournalist, Luftwaffenpilot, Angestellter im britischen Marineministerium oder Buchhalter in einer Molkerei durchschlagen musste. Jetzt ist er

Direktor einer kalifornischen Ölgesellschaft. Alles, was er in seinem Leben erreichen konnte, hat er erreicht – denkt er. Denn in einem Jahr wird er durch die Weltwirtschaftskrise alles verlieren, verarmt und arbeitslos herumhängen. Bis er schließlich anfängt, Krimis zu schreiben. Mit 45 wird seine erste Kurzgeschichte veröffentlicht.

Sein eigentlicher Durchbruch kommt aber erst mit seinem ersten Roman »Tote schlafen fest« – im Alter von 50.

**Mit 98,5-prozentiger Wahrscheinlichkeit
werden Sie
den 50. Geburtstag
erreichen!**

**Auf Wiedersehen
in
»Happy 50«**

Anhang

Bücher von 40-jährigen Autoren

Roald Amundsen	Wettlauf zum Südpol
Lou Andreas-Salomé	Ma
Rudolf Augstein	Spiegelungen, Konrad Adenauer
Paul Auster	New-York-Trilogie
Simone de Beauvoir	Das andere Geschlecht
Boris Becker	Was Kinder stark macht
Samuel Beckett	Mercier und Camier
Heinrich Böll	Doktor Murkes gesammeltes Schweigen
Wernher von Braun	Das Marsprojekt
Vicco von Bülow	Der gute Geschmack
Jean Cocteau	Kinder der Nacht
Salvador Dalí	Verborgene Gesichter
Hermann Hesse	Demian
James Joyce	Ulysses
Christine Kaufmann	Körperharmonie
Stephen King	Sie
Henry Miller	Wendekreis des Krebses
George Orwell	Farm der Tiere
Marcel Proust	In Swanns Welt
Friedrich Schiller	Maria Stuart
John Steinbeck	Der Mond ging unter
Leo Tolstoi	Krieg und Frieden
Mark Twain	Tom Sawyers Abenteuer
Virginia Woolf	Jacobs Zimmer
Émile Zola	Nana

Welcher Schauspieler dreht mit 40 welchen Film?

Cher	in	Die Hexen von Eastwick
Susan Sarandon	in	Die Hexen von Eastwick
Faye Dunaway	in	Meine liebe Rabenmutter
Jane Fonda	in	Das China-Syndrom
Ingrid Bergman	in	Anastasia
Brad Pitt	in	Troja/Ocean's Twelve
Richard Gere	in	Pretty Woman
Harrison Ford	in	Star Wars: Episode VI
Woody Allen	in	Der Stadtneurotiker
Johnny Depp	in	Fluch der Karibik
Michael Douglas	in	A Chorus Line
Warren Beatty	in	Der Himmel soll warten
Yul Brynner	in	Die glorreichen Sieben
Richard Burton	in	Wer hat Angst vor Virginia Woolf?
Kevin Costner	in	Waterworld
Montgomery Clift	in	Misfits – Nicht gesellschaftsfähig
George Clooney	in	Ocean's Eleven
Cary Grant	in	Arsen und Spitzenhäubchen
Curd Jürgens	in	Und immer lockt das Weib
Oswald Kolle	in	Das Wunder der Liebe
Robert de Niro	in	Es war einmal in Amerika
Gregory Peck	in	Moby Dick
Ronald Reagan	in	Bedtime for Bonzo
Robert Redford	in	Der elektrische Reiter
A. Schwarzenegger	in	Predator/Running Man
Frank Sinatra	in	Die oberen Zehntausend
John Travolta	in	Pulp Fiction
François Truffaut	in	Die amerikanische Nacht

Welcher Filmemacher dreht mit 40 welchen Film?

Leni Riefenstahl	Tiefland	Regie
Fritz Lang	M – Eine Stadt sucht einen Mörder	Regie
Federico Fellini	La Dolce Vita	Regie
Stanley Kubrick	2001: Odyssee im Weltraum	Regie
Pier Paolo Pasolini	Mamma Roma	Regie
Wolfgang Petersen	Das Boot	Regie
Roman Polanski	Chinatown	Regie
Sydney Pollack	Drei Tage des Condor	Regie
Douglas Sirk	Zu neuen Ufern	Regie
	La Habanera	Regie
François Truffaut	Die amerikanische Nacht	Regie
Peter Ustinov	Romanoff und Julia	Regie, Drehbuch, Produktion
Orson Welles	Herr Satan persönlich	Regie
Francis Ford Coppola	Apocalypse Now	Regie
Kevin Costner	Waterworld	Regie, Produktion
Warren Beatty	Der Himmel soll warten	Regie, Drehbuch, Produktion
Walt Disney	Bambi	Drehbuch, Produktion
Woody Allen	Der Stadtneurotiker	Regie, Drehbuch
Clint Eastwood	Sadistico	Regie

Auszeichnungen im Alter von 40

Gary Cooper	1941	Oscar als bester Hauptdarsteller in »Sergeant York«
Francis Ford Coppola	1979	Goldene Palme für »Apocalypse Now«
Clint Eastwood	1971	Golden Globe für den männlichen Welt-Film-Favoriten
Juan Manuel Fangio	1951	Weltmeister beim Grand Prix der Formel 1
Federico Fellini	1960	Goldene Palme für »La Dolce Vita«
John F. Kennedy	1957	Pulitzerpreis für »Zivilcourage«
Oswald Kolle	1968	Goldene Leinwand für »Wunder der Liebe«
Liza Minelli	1986	Golden Globe Award für die beste Schauspielerin
Volker Schlöndorff	1979	Goldene Palme für »Die Blechtrommel«
Harald Schmidt	1997	Adolf-Grimme-Preis, Bambi für die beste Show-Moderation
Liz Taylor	1972	Silberner Bär für ihre Rolle in »Hammersmith ist raus«
Peter Ustinov	1961	Bester Nebendarsteller in »Spartacus« als Sklavenhändler
Billy Wilder	1946	Golden Globe und zwei Oscars für »Das verlorene Wochenende«
Faye Dunaway	1981	Goldene Himbeere für die schlechteste Filmleistung des Jahrzehnts

Heirat mit 40

Keith Richards	oo	Patti Hansen (26)
Josephine Baker	oo	Jo Bouillon (38)
Albert Einstein	oo	Elsa Löwenthal (43)
Carla Bruni	oo	Nicolas Sarkozy (53)
Napoleon	oo	Erzherzogin Marie-Louise (18) von Österreich
Aristoteles Onassis	oo	Athina Tina Livanos (17)
Peter der Große	oo	Martha Skawronskaja (29) (später Katharina I.)
Michel Piccoli	oo	Juliette Gréco (42)
Schah Pahlewi	oo	Farah Diba (21)
Orson Welles	oo	Paola Mori (25)

Kennenlernen mit 40

Cher	–	Rob Camiletti (22)
Hitler	–	Eva Braun (17)
Demi Moore	–	Ashton Kutcher (25)
Wagner	–	Cosima Liszt (15)
Virginia Woolf	–	Vita Sackville-West (30)
Madonna	–	Guy Ritchie (30)
Ronald Reagan	–	Nancy Davis (30)

> Von den 40- bis 49-Jährigen haben
> 79,8 % eigene Kinder
> 20,2 % keine Kinder
> https://www.genesis.destatis.de

Vater oder Mutter werden mit 40:

Rudolf Augstein	Tochter Franziska
Paul Auster	Tochter Sophie
Joseph Beuys	Sohn Wenzel
Wernher von Braun	Tochter Margrit Cecile
Gregory Peck	Sohn Tony
Pablo Picasso	Sohn Paolo
Orson Welles	Tochter Beatrice
Bill Gates	Tochter Jennifer Katharine Gates
Michael Jackson	Tochter Paris Michael Katherine
John F. Kennedy	Tochter Caroline Bouvier Kennedy
Friedrich Schiller	Tochter Caroline Henriette Luise
Marlon Brando	Tochter Tarita Zumi Cheyenne
Mick Jagger	Tochter Elizabeth Scarlett Jagger
Sandra Maischberger	Sohn Samuel
Bärbel Schäfer	Sohn Samuel
Thompson Emma	Tochter jane.com, späterer Name: Gaia
Sigourney Weaver	Tochter Charlotte Simpson

Im Alter von 40 werden Oma:

Königin Victoria	Enkel Wilhelm II.
Christine Kaufmann	Zwillinge Dido und Lizzy

1,86 % der 40-jährigen Frauen sind in Deutschland 2007
Mutter geworden.

Statistisches Bundesamt, Wiesbaden 2009

Ihren 40. Geburtstag konnten nicht mehr feiern:

Tutanchamun	18	Kopfverletzung
Jeanne d'Arc	19	verbrannt
Kaspar Hauser	21	erstochen
Buddy Holly	22	Flugzeugabsturz
Billy the Kid	22	erschossen
James Dean	24	Autounfall
Rosemarie Nitribitt	24	erwürgt
Agnes Bernauer	25	ertränkt
Richthofen	25	abgeschossen
Georg Büchner	25	Typhus
Sharon Tate	26	ermordet
Jean Harlow	26	Harnvergiftung
Brian Jones	27	Drogen
Janis Joplin	27	Drogen
Jim Morrison	27	Drogen
August Macke	27	fällt im 1. Weltkrieg
Jimi Hendrix	27	Alkohol und Drogen
Egon Schiele	28	Spanische Grippe
Caligula	28	erstochen
Novalis	29	Schwindsucht
Nero	30	erstochen
Franz Schubert	31	Typhus, Syphilis
Rudolph Valentino	31	Blinddarm, Magengeschwür
Keith Haring	31	Aids
Klaus Störtebeker	31	enthauptet
Brian Epstein	32	Drogen
Alexander der Große	32	vergiftet, Malaria
Eva Braun	33	erschossen

Jesus	33	gekreuzigt
Eva Perón	33	Gebärmutterkrebs
Jayne Mansfield	34	Autounfall
Ayrton Senna	34	Autounfall
Juri Gagarin	34	Flugunfall
Heinrich von Kleist	34	erschießt sich
W. Amadeus Mozart	35	vergiftet
Diana	36	Autounfall
Marilyn Monroe	36	Vergiftung
Lord Byron	36	Fieber
Toulouse-Lautrec	36	Delirium tremens
Bob Marley	36	Krebs
Franz Marc	36	Granatsplitter im Schädel
Robespierre	36	enthauptet
Georges Biszet	36	Herzanfall
Vincent van Gogh	37	erschossen
R. W. Fassbinder	37	Drogen
Raffael	37	Syphilis, Malaria
Mario Lanza	38	Herzinfarkt
Caravaggio	38	Fieber
Ödön von Horváth	38	von Ast erschlagen
Marie-Antoinette	38	enthauptet
George Gershwin	38	Gehirntumor
Martin Luther King	39	erschossen
Lola Montez	39	hingerichtet
Kleopatra	39	Schlangenbiss
Che Guevara	39	erschossen
John F. Kennedy jr.	39	Flugzeugabsturz
Ludwig XVI.	39	geköpft
Frédéric Chopin	39	Mukoviszidose

Tod im Alter von 40 Jahren

Jack London:
(22.11.1916)
Bricht bei Abendessen mit Magen-Darm-Kolik zusammen.
Laut Sterbeurkunde akute Urämie, Nierenversagen
oder: Selbstmord durch Überdosis Morphium

August von Goethe
(26./27.10.1830):
Alkoholikertod
oder: fiebrige Erkältung, Blattern (Pocken)

Franz Kafka:
(3.6.1924)
Laut Sterbebuch Herzlähmung
(aufgrund einer Kehlkopftuberkulose)

Glenn Miller:
(15.12.1944)
Verschollen in einem einmotorigen Flugzeug
über dem Ärmelkanal Richtung Paris.
Todesursache ungeklärt:
versehentlich von britischen Bomben getroffen
oder: Eis auf den Tragflächen führte zum Absturz
oder: Herztod im Bordell
oder: Tod durch Lungenkrebs in einem britischen Hospital

Ludwig II.:
(13.6.1886)
Ertrunken im Starnberger See
oder: erschossen im Starnberger See

Falco:
(6.2.1998)
Autounfall

John Lennon:
(8.12.1980)
Erschossen

Edgar Allan Poe:
(7.10.1848)
wurde bewusstlos ins Hospital eingeliefert,
Todesursache ungeklärt:
Alkohol und Opium
oder: Tollwut
oder: Gehirntumor

Die Wahrscheinlichkeit, dass Sie auch noch Ihren
41. Geburtstag feiern können, liegt bei 99,85 %.

Statistisches Bundesamt Wiesbaden, Deutschland 2007

Literatur (Auswahl)

ADENAUER, Konrad:
• Frank-Planitz, Ulrich: »Konrad Adenauer«, Bergisch Gladbach 1975
• Koch, Peter: »Die Erfindungen des Dr. Konrad Adenauer«, 1986, S. 96 ff.

ALLEN, Woody:
• Reimertz, Stephan: »Woody Allen«, Hamburg 2005
• Müller/Wieland: »Die Jahre sind mein Lebensglück. Schriftsteller über das Alter«, München 2008, S. 56–65

AMUNDSEN, Roald:
• Borman-Larsen, Tor: »Amundsen, Bezwinger beider Pole«, Hamburg 2007

ANASTASIA:
• Spiegel Online, 31.10.2008

ANDERSEN, Hans Christian:
• Nielsen, Erling: »Andersen in Selbstzeugnissen und Bilddokumenten«, Hamburg 1995
• Geyersbach/Wieland: »Schöner Leiden. Die schönsten Krankheiten und größten Hypochonder des Universums«, Berlin 2004

BALZAC, Honoré de:
• Balzac, Honoré de: »Die Kunst, seine Schulden zu zahlen«, Frankfurt am Main 2004

BARDOT, Brigitte:
• Bardot, Brigitte: »B. B. – Memoiren«, Lübbe 1996
• French, Sean: »Brigitte Bardot. Eine Bildbiographie«, München 1995

BEAUVOIR, Simone de:
• Zehl Romero, Christane: »Simone de Beauvoir«, Hamburg 1983
• Bair, Deirdre: »Simone de Beauvoir«, München 1990
• Beauvoir, Simone de: »Das andere Geschlecht«, Hamburg 2000
• Beauvoir, Simone de: »Eine transatlantische Liebe – Briefe an Nelson Algren 1947–1964«, Hamburg 2002

BECKER, Boris:
• Hamburger Abendblatt, 22.11.2007

BEETHOVEN, Ludwig van:

- Zobeley, Fritz: »Beethoven«, Hamburg 1965

BERGMAN, Ingrid:
- Brown, Curtis F.: »Ingrid Bergman«, München 1987
- Bergman, Ingrid/Burgess, Alan: »Mein Leben«, Berlin 1980

BEUYS, Joseph:
- Bastian, Heiner: »Joseph Beuys – Skulpturen und Objekte«, Berlin 1988
  - Stachelhaus, Heiner: »Joseph Beuys«, List 2001

BOHLEN, Dieter:
- Berliner Zeitung, 7.2.2004

BRUNI, Carla:
- The Times online, 12.6.2008

BURTON, Richard:
- Ferris, Paul: »A Portrait of Richard Burton«, London 1984

CÄSAR, Gaius Julius:
- Sueton: »Das Leben der römischen Kaiser«, Düsseldorf 2001

CALLAS, Maria:
- Stancioff, Nadina: »Callas«, Bergisch Gladbach 1991
- Gage, Nicholas: »Griechisches Feuer – Maria Callas und Aristoteles Onassis«, München 2001

CASANOVA, Giacomo:
- Casanova, Giacomo: »Geschichte meines Lebens«, Berlin 1983
- Casanova, Giacomo: »Das Duell«, München 1988

CHANEL, Coco:
- Kinzle, Rudolf: »Die Modemacher«, Wien 1990, S. 128 ff.
- Hamburger Abendblatt, 14.11.1970

CHAPLIN, Charlie:
- Epstein, Jerry: »Mein Freund Charlie – Erinnerungen an Charlie Chaplin«, München 1989
- Chaplin, Charles: »Die Geschichte meines Lebens«, Frankfurt 2004

CHER:
- The Seattle Times Company, 2.8.1999

CHURCHILL, Winston:
- Schneider, Wolf: »Große Verlierer«, Hamburg 2004, S. 291

CLAUDEL, Camille:
- Paris, Reine-Marie: »Camille Claudel 1864–1943«, Frankfurt am Main, 1989

- Duda, Sibylle: »WahnsinnsFrauen«, Frankfurt 1994, S. 146–173
- Asselin, Henry: «Le vie douloureuse de Camille Claudel sculpteur« 1956, in: Cassar 1987

DALÍ, Salvador:
- Gibson, Iann: »Salvador Dali. Die Biographie«, DVA 1998

DISNEY, Walt:
- Eliot, Marc: »Walt Disney – Genie im Zwielicht«, München 1994

DOSTOJEWSKI, Fjodor M.:
- Lavrin, Janko: »Fjodor M. Dostojevskij «, Hamburg 1985

EINSTEIN, Albert:
- Poor, Charles Lane: »The Deflection of Light as Observed at Total Solar Eclipses«, J. Opt. Soc. Amer., 1930, 20: S. 173–211
- McCausland, Ian: »Anomalies in the History of Relativity, in: Journal of Scientific Exploration 13, S. 271–290, 1999
- Ripota, Peter: »Mythen der Wissenschaft«
- Collins/Pinch: »Der Golem der Forschung. Wie unsere Wissenschaft die Natur erfindet«, Berlin 1999
- Burniston Brown, G.: »What is wrong with relativity?«, Bulletin of the Institute of Physics and Physical Society, Vol. 18 (1967), S. 71–77

ELISABETH von Österreich:
- (ohne Autorenangabe): »Sissi – Wahrheit und Legende«, Neckarsulm 1998
- Hamann, Brigitte: »Elisabeth – Kaiserin wider Willen«, München 1982
- Bankl, Hans: »Die kranken Habsburger. Befunde und Befindlichkeiten einer Herrscherdynastie«, München 2005, S. 113–123

FONDA, Jane:
- Davidson, Bill: »Jane Fonda«, Berlin 1994
- Fonda, Jane: »My Life So Far«, New York 2006

FREUD, Sigmund:
- Rohrmann, Eckhard: »Mythen und Realität des Anders-Seins«, Springer 2007, S. 133 ff.
- Dirkopf/Härtel u. a.: »Aktualität der Anfänge. Freuds Brief an Fließ vom 6.12.1896«, transscript Verlag 2008
- Freud, Sigmund: »Briefe 1873–1939«, Fischer 1960, Brief an Wilhelm Fließ v. 4. Mai 1896

GANDHI, Mahatma:

- Arp, Susmita: »Gandhi«, Hamburg 2007
- Gandhi, Mahatma: »Mein Leben«, Frankfurt am Main 1983

GARBO, Greta:

- Sands, Frederick/Broman, Sven: »Die Göttliche – Greta Garbo«, München 1979
- Paris, Barry: »Garbo. Die Biographie«, Hamburg 1995

GAUGUIN, Paul:

- Perruchot, Henri: »Gauguin«, Frankfurt 1994
- Gauguin, Paul: »Vorher und Nachher – Lebenserinnerungen«, Köln 2003
- Walther, Ingo F.: »Paul Gauguin 1848–1903«, Köln 1996

GOETHE, August von:

- Völker, Werner: »Der Sohn. August von Goethe«, Frankfurt am Main 1992
- Weissensteiner, Friedrich: »Kinder der Genies«, München 2007

GOETHE, Johann W. von:

- Boerner, Peter: »Goethe«, Hamburg 1964
- Schaeffer, Emil/Göres, Jörn: »Goethe – Seine äußere Erscheinung«, Frankfurt am Main 1999
- Damm, Sigrid: »Christiane und Goethe – Eine Recherche«, Frankfurt am Main 1998

HEINE, Heinrich:

- Mende, Fritz: »Heine-Chronik«, München 1984

HESSE, Hermann:

- Friedman, Donald: »Und ich mischte die Farben und vergaß die Welt – malende Dichter«, München 2008

HITCHCOCK, Alfred:

- Spoto, Donald: »Alfred Hitchcock – Die dunkle Seite des Genies«, Hamburg 1984

HITLER, ADOLF:

- Zdral, Wolfgang: »Die Hitlers«, Frankfurt 2005, S. 125 f.

HONECKER, Erich:

- Stuhler, Ed: »Margot Honecker«, München 2005
- Borkowski, Dieter: »Erich Honecker – Statthalter Moskaus oder deutscher Patriot?«, München 1987

- Honecker, Erich: »Aus meinem Leben«, Ost-Berlin 1980

KÄSTNER, Erich:
- Kästner, Erich: »Mein liebes, gutes Muttchen, Du!«, Hamburg 1981

KENNEDY, John F.:
- Bankl, Hans: »Woran sie wirklich starben«, Wien 1992, S. 216–223
- Accoce/Rentchnick: »Kranke machen Weltgeschichte«, Wien 1978, S. 63–75

LAGERFELD, Karl
- FazNet »Dat weer Kalli«, 4.9.2008
- Welt Online, »Des Kaisers neue Kleider«, 7.9.2008
- Bild.de, »Herzlichen Glückwunsch, Karl Lagerfeld«, 11.9.2008

LENNON, John:
- Coleman, Ray: »John W. Lennon«, Höfen 2000
- Norman, Philip: »John Lennon – Die Biographie«, München 2008
- Emerick, Geoff/Massey, Howard: »Du machst die Beatles!«, München 2007, S. 435

LORIOT:
- Loriot: »Möpse & Menschen – Eine Art Biographie«, Zürich 1983
- Ausstellungskatalog zum 70. Geburtstag: »Loriot«, Zürich 1993

MAISCHBERGER, Sandra:
- Welt Online, 25.8.2006

MANN, Erika und Klaus:
- Mann, Klaus: »Kind dieser Zeit«, Hamburg 1982
- Weissensteiner, Friedrich: »Kinder der Genies«, München 2007

MAO TSE-TUNG:
- Grimm, Tilemann: »Mao Tse-tung«, Hamburg 1968

McCARTNEY, Paul:
- Pressekonferenz Kunstforum Lyz, Siegen, 30.4.99

MESSNER, Reinhold:
- Hamburger Abendblatt, 23.7.1985
- Der Spiegel, 19.8.1985
- Münchner Abendzeitung, 7.11.2008

MILLER, Henry:
- Miller, Henry: »Mein Leben und meine Welt«, Hamburg 1980
- Schmiele, Walter: »Henry Miller«, Hamburg 1961

NAPOLEON:

- Kossak, Wolfgang: »Ehebruch«, Wien 2000, S. 145 ff.

NIXON, Richard:
- Schneider, Wolf: »Große Verlierer«, Hamburg 2004, S. 298 ff.

ONASSIS, Aristoteles:
- Gage, Nicholas: »Griechisches Feuer – Maria Callas und Aristoteles Onassis«, München 2001

ONO, Yoko:
- Woodall, James: »John Lennon – Yoko Ono«, Berlin 1998

PICASSO, Pablo:
- Stassinopoulos Huffington, Arianna: »Picasso – Genie und Gewalt – Ein Leben«, München 1988
- Penrose, Roland: »Pablo Picasso – Sein Leben – Sein Werk«, München 1981
- Wiegand, Wilfried: »Picasso«, Hamburg 1985
- Widmaier Picasso, Olivier: »Picasso. Porträt der Familie«, Prestel 2003
- Clemenz-Kirsch, Gertraude: »Die sieben Leben des Pablo Picasso«, Projekte-Verlag 2007

PITT, Brad:
- Skip, das Kinomagazin, Interview, Mai 2004
- Spielfilm.de, Interview 11.5.2004

PRESLEY, Elvis:
- Guralnick, Peter: »Careless Love – Elvis Presley – Der Abgesang 1958–1977«, Berlin 2006

REEVES, Keanu:
- Berliner Morgenpost, 11.12.2008
- People, 6.6.2006

SAINT LAURENT, Yves:
- Rawsthorn, Alice: »Yves Saint Laurent. Die Biographie«, Rowohlt Tb 2000
- Kinzle, Rudolf: »Die Modemacher«, Wien 1990, S. 218 ff.

SARTRE, Jean-Paul:
- Madsen, Axel: »Jean-Paul Sartre und Simone de Beauvoir«, Düsseldorf 1988
- Sartre, Jean-Paul: »Die Wörter«, Hamburg 1965
- Sartre, Jean-Paul: »Briefe an Simone de Beauvoir«, Bd. 2/1940–1963, Hamburg 1985

- Rodgers/Thompson: »Philosophen wie wir. Große Denker menschlich betrachtet«, Berlin 2007

SAUERBRUCH, Ferdinand:
- Sauerbruch, Ferdinand: »Das war mein Leben«, Berlin 1956

SCHILLER, Friedrich:
- Burschell, Friedrich: »Schiller in Selbstzeugnissen und Bilddokumenten«, Hamburg 1958
- Wölfel, Kurt: »Friedrich Schiller«, München 2004

SCHMIDT, Harald:
- Schmidt, Harald: »Wohin? Allerneuste Notizen aus dem beschädigten Leben«, Köln 1999

SCHNEIDER, Romy:
- Benichou, Pierre J.-B./Pommier, Sylvianne: »Romy Schneider. Ihre Filme – ihr Leben«, München 1998
- Jürgs, Michael: »Der Fall Romy Schneider«, Hamburg 1996
- Schneider, Romy: »Ich, Romy – Tagebuch eines Lebens«, München 1990

SCHOPENHAUER, Arthur:
- Hübscher, Angelika: »Arthur Schopenhauer«, Frankfurt 1989
- Rodgers/Thompson: »Philosophen wie wir«, Berlin 2007

SHAW, George Bernard:
- Stresau, Hermann: »G. B. Shaw«, Hamburg 2001

SIMPSON, Wallis:
- BBC News online UK, 29./30.1.2003

STONE, Sharon:
- Die Welt, 17.8.2004

VERNE, Jules:
- Dehs, Volker: »Jules Verne in Selbstzeugnissen und Bilddokumenten«, Hamburg 1986

WARHOL, Andy:
- Kuhl, Isabel: »Andy Warhol. Rückblende: Die Kunst, das Leben, die Liebe«, Prestel 2007

WITT, Katharina:
- Epoch Times Online, 3.12.2005
- SUPERillu, 16.5.2006

Bildnachweis